EDAF

MADRID - MÉXICO - BUENOS AIRES - SAN JUAN - SANTIAGO

FEDERICO GARCÍA LORCA

ANTOLOGÍA POÉTICA

Selección y Prólogo de
Mauro Armiño

BIBLIOTECA EDAF
136

Director de la colección:
MELQUÍADES PRIETO

Diseño de cubierta: GERARDO DOMÍNGUEZ

© De la Antología: Herederos de Federico García Lorca.
© De la Selección y Prólogo: Mauro Armiño.
© De la presente edición: Editorial EDAF, S.A.

Editorial EDAF, S. A.
Jorge Juan, 30. 28001 Madrid
http://www.edaf.net
edaf@edaf.net

Edaf y Morales, S. A.
Oriente, 180, nº 279. Colonia Moctezuma, 2da. Sec.
C. P. 15530. México, D. F.
http://www.edaf-y-morales.com.mx
edaf@edaf-y-morales.com.mx

Edaf del Plata, S. A.
Chile, 2222
1227 - Buenos Aires, Argentina
edaf1@speedy.com.ar

Edaf Antillas, Inc
Av. J. T. Piñero, 1594 - Caparra Terrace (00921-1413)
San Juan, Puerto Rico
antillas@edaf.net

Edaf Chile, S.A.
Huérfanos, 1178 - Of. 506
Santiago - Centro
edafchile1@terra.cl

17ª. edición, noviembre 2003

Depósito legal: M-50.166-2002
ISBN: 84-7166-755-X

PRINTED IN SPAIN   IMPRESO EN ESPAÑA
Gráficas COFAS, S.A. - Pol. Ind. Prado de Regordoño - Móstoles (Madrid)

Índice

	Págs.
PRÓLOGO, por Mauro Armiño	15
BIBLIOGRAFÍA	37
CRONOLOGÍA	43

ANTOLOGÍA

LIBRO DE POEMAS

Canción otoñal	51
Madrigal de verano	53
Balada de un día de julio	55
«In memoriam»	58
La balada del agua del mar	59
Meditación bajo la lluvia	60
Aire de nocturno	62
Nido	63

SUITES

Suite de los espejos	65
Símbolo	65
El gran espejo	65

Págs.

Reflejo 66
Rayos 66
Réplica 66
Tierra 67
Capricho 67
Sinto 68
Los ojos 68
«Initium» 69
«Berceuse» al espejo dormido 69
Aire 70
Confusión 70
Remanso 71

Encuentro 72

Remansos 73
Remansillo 73

El Regreso 74
[Yo vuelvo] 74
Recodo 74

Suite del agua 76
País 76
Temblor 76
Acacia 77
Curva 77
Colmena 78

Cruz 79
Norte 79
Sur 79
Este 80
Oeste 80

Págs.

Canción morena 81
Corriente lenta 82

POEMA DEL CANTE JONDO

Baladilla de los tres ríos.. 83
La guitarra 84
Encrucijada... 85
Sorpresa 86
Arqueros 86
Sevilla 87
Camino.. 88
Muerte de la Petenera 89
Memento... 90
Malagueña 90
Crótalo 91
Escena del Teniente Coronel de la Guardia Civil.. 92
Canción del gitano apaleado.................................... 96
Diálogo del Amargo... 96
Canción de la madre del Amargo.......................... 106

CANCIONES

Nocturnos de la ventana.. 107
    4. [Al estanque se le ha muerto] 107
[El lagarto está llorando]... 108
Canción de jinete... 109
Canción de jinete... 110
Es verdad 111
[Arbolé, arbolé]... 112

Tres retratos con sombra... 114
    Verlaine 114
      Baco 115

Págs.

Juan Ramón Jiménez 116
   Venus 117
   Debussy 118
   Narciso 119
Canción del mariquita 120
Eros con bastón 121
   Susto en el comedor 121
   Lucía Martínez 121
   La soltera en misa 122
   Interior 122
   «Nu» 122
   Serenata (Homenaje a Lope de Vega) 123
   En Málaga 124
Despedida 125
Canción del naranjo secó 125

PRIMER ROMANCERO GITANO

Romance de la luna, luna 127
Reyerta 128
Romance sonámbulo 130
La casada infiel 133
Romance de la pena negra 135
Prendimiento de Antoñito el Camborio en el camino
   de Sevilla 137
Muerte de Antoñito el Camborio 139
Romance del emplazado 141
Romance de la Guardia Civil española 143
Thamar y Amnón 148

POETA EN NUEVA YORK

1910. (Intermedio) 153
Tu infancia en Menton 154

Págs.

El rey de Harlem 155
Iglesia abandonada 161
Paisaje de la multitud que vomita 162
Paisaje de la multitud que orina 164
Ciudad sin sueño 166
Panorama ciego de Nueva York 168
Niña ahogada en el pozo... 170
Muerte.. 172
Nocturno del hueco 173
Luna y panorama de los insectos 176
Nueva York (Oficina y denuncia)........................... 179
Grito hacia Roma 182
Oda a Walt Whitman... 184

TIERRA Y LUNA

Tierra y Luna... 191
Pequeño poema infinito 193
Canción de la muerte pequeña 194
Omega.. 195

DIVÁN DEL TAMARIT

Gacela del amor imprevisto..................................... 197
Gacela de la terrible presencia............................... 198
Gacela del amor desesperado 198
Gacela del niño muerto.. 199
Gacela de la raíz amarga.. 200
Gacela del recuerdo de amor 201
Gacela de la muerte oscura..................................... 202
Gacela de la huida.. 203
Casida del llanto... 204
Casida de los ramos 204
Casida de la mujer tendida...................................... 205

Págs.

SEIS POEMAS GALEGOS

Canzón de cuna para Rosalía Castro, morta 207
Danza da lúa en Santiago 208

LLANTO POR IGNACIO SÁNCHEZ MEJÍAS .. 211

SONETOS DEL AMOR OSCURO

Soneto de la guirnalda de rosas 221
Soneto de la dulce queja 222
El poeta pide a su amor que le escriba 222
El poeta dice la verdad 223
El poeta habla por teléfono con el amor 224
El poeta pregunta a su amor por la «Ciudad Encantada» de Cuenca 224
Soneto gongorino en que el poeta manda a su amor una paloma 225
[¡Ay voz secreta del amor oscuro!] 226

OTROS SONETOS

Adam 227
[Yo sé que mi perfil será tranquilo] 228
A Mercedes en su vuelo 228

POEMAS DE OBRAS TEATRALES

De *Amor de Don Perlimplín con Belisa en su jardín* .. 233

De *Bodas de Sangre* 235

De *Yerma* 245

A Miguel García-Posada,
por las luminosas meditaciones
de sus trabajos lorquianos.

Prólogo

C IEN AÑOS DESPUÉS de su nacimiento, Federico
García Lorca es el poeta, el escritor más y mejor
editado de toda la historia de la literatura española, pese
a que su obra pueda considerarse ingente si atendemos a
los quince años en que fue escrita, desde 1921 hasta ese
fatídico amanecer del 19 de agosto de 1936 en que fue
asesinado en Víznar. Podríamos incluso dejar ese periodo en nueve años, si consideramos el volumen inicial de
su bibliografía, *Libro de poemas,* editado en 1921, como
el intento juvenil de quien tantea posibilidades solamen-
te, y empezar la cuenta con su segundo poemario, este sí
definitivo, *Canciones,* publicado seis años más tarde.
Cierto que en ese mismo año de 1921, Lorca compone
el *Poema del cante jondo*, que no editará hasta 1931;
que en 1922 deja listo, salvo correcciones y repasos de
última hora, *Primeras canciones*, que verá la luz en
1936, y que escribe, entre 1924 y 1927, el *Primer
romancero gitano*, editado en 1928. Desde esos inicios
de la tercera década hasta 1936 —en una docena de años
aproximadamente— Lorca escribe las cuatro mil páginas
que encierran sus *Obras Completas* en la edición más
reciente —con epistolario, prosas, entrevistas y escritos

juveniles incluidos— y que, desde luego, no pueden compararse en cantidad con las mil y pico comedias, los innumerables poemas y las narraciones de un Lope de Vega, con la abultada producción ensayística, narrativa y lírica de Quevedo, ni con los extensos mundos novelescos de un Pérez Galdós o de un Baroja, ni con el conjunto de la obra, todos los géneros confundidos, de Valle-Inclán, por citar solo unos pocos nombres; pero aun así, considerado el breve espacio de la vida literaria de García Lorca, esas cuatro mil páginas suponen una producción inmensa que atienden sobre todo a dos campos, la poesía y el teatro.

Reducida a silencio su poesía por los vencedores de la guerra civil, y prohibida la representación de sus piezas teatrales, la obra de García Lorca fue rebrotando contra quienes la prohibieron, lenta, clandestinamente, primero en ediciones americanas: los textos que, en marcha e inéditos en 1930, el crimen dispersó en manos de familiares y amigos —algunos tan capitales para la lírica española del siglo como *Poeta en Nueva York*, o para el teatro más moderno como *El público*— se editaron o representaron en las condiciones precarias que la época exigía, y fuera de España la mayoría de las veces. Pero del intento mismo de matar al poeta y de borrar nombre y obra surgió una popularidad que, aunque extraliteraria, actuaba así contra la infamia de su crimen y su censura.

A medida que se propagaba la edición, todavía deficiente, de sus obras, sobrevino otra infamia: la que durante dos o tres décadas —aún hay quienes, anclados en la vileza, lo afirman— ha propalado que la importancia de García Lorca se debe al irracional asesinato de que fue víctima: el poeta se habría beneficiado de su propia muerte para, convertido en símbolo mitificado de la cultura aniquilada por los sublevados en julio de 1936, alzarse con la primacía de la lírica española. Hoy, con la obra perfectamente editada, dejando a un lado anécdotas y bajezas, podemos acercarnos a la obra de García Lorca con plena libertad para interpretarla en su dimensión literaria y penetrar en la complejísima médula de este poeta que, junto con Juan Ramón Jiménez y Luis Cernuda, y arropados los tres por los nombres que forman la nómina del movimiento modernista y la generación del 27, son la clave de la poesía española del siglo XX. Sin olvidar lo que ocurrió en Víznar, lo anecdótico ni la biografía del poeta, la esencia de su obra va sedimentándose con el tiempo a partir de sus propios textos exclusivamente.

Tradición y vanguardia

El lector que haga el recorrido poético de García Lorca desde ese inicial *Canciones* hasta los títulos que vieron póstumos la luz —*Poeta en Nueva York, Diwán del Tamarit* y *Sonetos del amor oscuro*— puede quedar sorprendido por la enorme distancia salvada en nueve años: desde los ecos de la tradición clásica y popular y los últimos fulgores del romanticismo y del modernismo en periodo decadente que sirve a Lorca para hacer sus primeras armas en las prosas de *Impresiones y paisajes* (1918), hasta la ruptura del sistema poético asentado de sus libros finales, donde Lorca asume riesgos y osadías no probadas hasta entonces por ningún otro compañero de generación. Además, resulta inútil buscar, en la producción de esos nueve años, un factor que reduzca a la unidad y facilite una comprensión simple del trayecto recorrido: García Lorca es ante todo movilidad, ensayo constante, ruptura con los moldes anteriores, olvido del libro una vez dado a luz, de los recursos ya usados, de los registros —incluso métricos— ya puestos a contribución en las experiencias anteriores. Cerrada una etapa y un título, el poeta parte al asalto de nuevas formas, de ritmos distintos, que hacen de su obra una continua novedad de tonos hasta desembocar en el modo expresivo más alucinante, desgarrado y tenso de la lírica española del siglo XX, solo comparable hasta un punto con *Los placeres prohibidos* de Luis Cernuda. Y todo ello para atravesar «el corazón como una espada», que para Lorca era la meta última del poema, según escribía en fecha temprana, un año antes de editar ese «primer» libro, *Canciones*, en carta a Jorge Guillén.

Y, sin embargo, hay una unidad meridiana en la totalidad de la obra, que se aclara a la luz de las ideas expresadas en su conferencia bonaerense de 1933, «Juego y teoría del duende», donde explica los conceptos fundamentales de su lírica mediante tres figuras: la musa, el ángel y el duende, que corresponderían a tres categorías creativas: «imaginación, inspiración y evasión». Por más puertas que puedan ponerse a estos conceptos, y por más amplios que sean sus límites, lo cierto es que mezclan los frutos de la inteligencia, de la gracia, de la técnica, las secuelas de la vivencia interior y de la mirada exterior, para terminar pasando por el crisol de las «últimas habitaciones de la sangre», ese duende que «hiere, y en la curación de esta herida que no se cierra nunca está lo insólito, lo inventado de la obra de un hombre».

Resulta esencial ver, en sus propios términos, la definición que el propio Lorca da en esa conferencia sobre esas tres figuras que van a perpetuar la unidad de su médula poética iluminándola a través de los años, prestándole esa ligazón básica, absolutamente interna, por más diversa que pueda ser la apariencia de los versos: «Ángel y musa vienen de fuera; el ángel da luces y la musa formas [...]. Pan de oro o pliegue de túnica, el poeta recibe normas en su bosquecillo de laureles. En cambio, al duende hay que despertarlo en las últimas habitaciones de la sangre».

Es ahí, en el mundo poético interior y descrito, en la igual intensidad que el poeta propone para personajes y voces, propias o ajenas, para la construcción poética; hay una unidad no de verso a verso, sino global: un denominador común en la poetización de varios temas persistentes, en la fijación de unos mismos símbolos que así crean su propia clave de significaciones: clave totalmente personal del mundo lorquiano. ¿No aparecen ya, en ese volumen primerizo, el *Libro de poemas,* entramado de suaves ecos románticos y rubendaríacos, los elementos de sus libros mayores: la luna, los azahares, el amor frustrado —aunque los tintes dramáticos apenas luzcan sangres—, los álamos de plata? Los materiales utilizados por Lorca no difieren mucho de los que arrastraba la tradición lírica y la popular, ni de los que utilizaba la inmediata poesía modernista y, en especial Rubén Darío, Juan Ramón Jiménez y los hermanos Machado. Y si en esa primera salida hay ingenuidad, popularismo y una ternura infantil demasiado blanda, también podemos encontrar posos de escepticismo, desilusión y desengaño aunque tengan a Rubén Darío al fondo. El Rubén Darío de

Dichoso el árbol que es apenas sensitivo,
y más la piedra dura, porque esta ya no siente,
pues no hay dolor más grande que el dolor de ser vivo,
ni mayor pesadumbre que la vida consciente.

El Rubén Darío que en ese mismo poema, «Lo fatal», enumera las angustias y alegrías del hombre, el misterio del ser, las incógnitas del futuro, la exaltación del deseo ante la carne y sus «frescos racimos», el pavor ante los «fúnebres ramos» de la muerte, y del que, en ese primer libro, Lorca parece hacerse eco:

Y tengo la amargura solitaria
de no saber ni fin ni mi destino.

Pero si en fecha tan temprana como diciembre de 1918, data de «Elegía a Doña Juana la Loca», encontramos ya la suntuosidad estilística que más tarde habrá de emplear en las *Odas*, también en ese primer poemario hay huellas que proceden de la vanguardia, del rupturismo creacionista para novedades metafóricas como «la sombra de mi alma / huye por un ocaso de alfabetos», donde hay que ver una voluntad de originalidad y de riesgo, una articulación de tropos que lentamente va a preparar en Lorca la necesaria flexibilidad para establecer un sistema de referencias cuyo punto de partida, la realidad, queda sublimado de tal modo que la crítica no ha dejado de invocar, a propósito de su aplicación en *Poeta en Nueva York*, el nombre de Góngora. Una conferencia de Lorca en el clima de resurrección de Góngora que los «poetas profesores» capitanean, y en especial Dámaso Alonso, en 1927, da pie para aceptar el acercamiento; podrían entresacarse, desde luego, numerosos ejemplos donde la realidad, completamente eludida, se esconde bajo una doble o triple capa a modo de filón soterrado, hermético, que no ha de escapar al análisis desmenuzado de la superficie metafórica del texto.

Con Lorca nos encontramos desde el primer momento ante una elaboración en profundidad que, a partir de un dato real vivo en la conciencia del poeta, aflora mediante un proceso de síntesis, de condensación, que elimina cualquier rastro de aquel dato original, hasta el punto de ocultar a una primera lectura los residuos que esa realidad poéticamente elaborada habría dejado. Y una vez que Lorca crea su mundo simbólico, su propio código, se desenvuelve en él con entera libertad, dando por supuesto que el lector ha de conocerlo, cargando de intensidad y de condensaciones acumulativas el sentido primigenio del que partió. ¿No estamos ante el distanciamiento del lenguaje y su referente, tan caro a Góngora? El sistema, válido para comparaciones, imágenes y metáforas, está ya en el gran poeta barroco, creador de un mundo poético forjado a base de referencias encabalgadas. Lo curioso no es que ese sistema de «imaginería» sea clásico, sino que en la segunda década del siglo se convierta en carácter específico de la poesía más osada del momento, del surrealismo. El Lorca que arrancaba de la tradición, el de «¡Qué alegría me dan nuestros viejos poetas!», empleaba en la citada conferencia de Buenos Aires de 1933 casi los mismos términos que el creacionista Reverdy y el surrealista André Breton para explicar el sistema poético:

> Una vez me preguntaron qué era poesía y me acordé de un amigo mío, y dije: ¿Poesía? Pues, vamos: es la unión de dos palabras que uno nunca supuso que pudieran juntarse, y que forman algo así como un misterio; cuanto más las pronuncias, más sugestiones acuerda, por ejemplo, acordándome de aquel amigo, poesía es: «ciervo vulnerado».

Tras esa nostalgia de san Juan de la Cruz, podemos explicar por qué se juntan polos tan opuestos como Góngora —quintaesencia del clasicismo— y las vanguardias en tema tan sustancialmente poético como la teoría y práctica de los tropos: porque no hay vanguardia sin tradición, porque la vanguardia, acarreo de la tradición, no es sino el punto de llegada del camino que arrancó hace siglos, el estallido en un momento dado de potencias que nacieron en el manadero fluyente del pasado poético de una lengua, y, mejor que de una lengua, del pasado de la Poesía, que hemos de considerar en cierto modo como una *lingua franca* que vive en una de sus facetas por encima de fronteras territoriales o lingüísticas: casos como el de Garcilaso, importando a la cultura española las formas y metros italianos, prueban la existencia de esa *lingua franca* desde hace varios siglos.

«La obra lorquiana es el resultado de una síntesis plena de tradición y vanguardia. He ahí lo diferencial, lo absolutamente distintivo de la posición de Lorca en comparación con otros grandes poetas del siglo», dice resumiendo la cuestión quien mejor se ha acercado a los textos de Lorca y quien ha proporcionado a los lectores la edición más luminosa, concienzuda y fiable de las *Obras Completas* del poeta granadino, Miguel García-Posada. Con esas herramientas, con los esquemas definidos en el Siglo de Oro por Lope, Quevedo y Góngora, con los materiales tradicionales del caballista y la muerte, el verano y la aurora, los espejos y los gitanos, García Lorca avanza desde sus primeros poemas, realizando un poderoso esfuerzo para revitalizar los viejos temas con las aportaciones propias del siglo XX, y lo hace en síntesis perfecta y en amalgama con esos años en que el creacionismo, el dadaísmo y el surrealismo actúan como elementos de liberalización y flexibilización de un lenguaje y un mundo afincado sabiamente en el pasado.

Y de ahí, de esa mezcla compleja de tradición y vanguardia, brota intacta una expresión nueva que no pertenece a escuela ni «ismo» alguno, que es cristalización de una voz individual de la Poesía. Lorca elabora así, poco a poco, una poética y una obra varia: cada libro renueva métodos, innova modos y ritmos; aunque soterrado, del primero de sus libros al último subyace el mismo mundo, idénticos temas que, título a título, se enriquecen, se matizan y se profundizan cada vez más ricos hasta llegar a los libros póstumos, gracias a un esfuerzo denodado, además de ser «poeta por la gracia de Dios —o la del demonio— [...], por la gracia de la técnica y del esfuerzo, de darme cuenta en absoluto de lo que es un poema», como dicen sus palabras para la *Antología* de Gerardo Diego en 1932. No es una frase ni una declaración única; son muchos los fragmentos de conferencias y entrevistas que hablan de la seguridad meditada del quehacer lorquiano; bastaría, además, una somera mirada a los manuscritos, donde correcciones, sustituciones y tachaduras constantes muestran el trabajo del poeta que reescribe una y otra vez buceando en el lenguaje para extraer la mayor riqueza verbal posible y los ritmos más acabados.

Los grandes temas líricos

En esta obra, que gira una y otra vez sobre los mismos goznes con diversidad y multiplicidad de recursos, podemos vislumbrar y aislar los grandes temas, los que corresponden a la poesía universal de todos los tiempos: el amor, en su doble vertiente de pasión sentimental y

erótica, la vida, la muerte, el inexorable destino individual y el del mundo, la amenaza del tiempo, el sinsenti-
do de la existencia, que solo contrapesa la energía vital.

García-Posada ha situado la *frustración* como el pris-
ma temático dominante que aúna bajo sus facetas toda la
lírica lorquiana: «Esta frustración, este destino trágico, se
proyecta sobre un doble plano: el metafísico y el histó-
co, el ontológico y el social», que no siempre pueden
disociarse y considerarse de forma aislada: así, en *Poeta
en Nueva York*, según el mismo crítico, las terribles voces
contra la civilización capitalista suenan sobre el oscuro
lecho que forman, como humus y caldo de cultivo, los
fantasmas del tiempo, la naturaleza y la muerte: de este
modo consigue Lorca entreverar mundos, crear una
atmósfera extraña donde la realidad, con sus elementos
más cotidianos —amores de una muchacha, estampas
populares de caballistas andaluces, tradicionales reyertas
de gitanos o la entrada a saco de la guardia civil en una
ciudad de gitanos que se transmuta en portal de Belén—,
se sublima mediante la irracionalidad lírica; Lorca va
sembrando sus descripciones de pinceladas donde aletean
sordas amenazas de aves de mal agüero, oscuras inten-
ciones que brotan de la sangre, misteriosos signos que,
lentamente, caminan hacia la fatalidad.

De esa omnipresencia de la frustración no se libra
siquiera el amor, por más gozosos que en el fondo sean
muchos de los poemas lorquianos: si el amor es gozo en
su origen, en su desenlace lleva a la tragedia; una tragedia que puede ser bíblica, como en el romance de Thamar y Amnón, o desarrollar de forma originalísima el
viejo tema medieval de la espera y la ausencia
(«Romance sonámbulo»); y en el caso de obras teatrales
como *Bodas de sangre* o *La casa de Bernarda Alba*, la

tragicidad terrible del amor que, desenfrenado por el deseo, acaba con todo para materializarse más allá de la muerte y ofrecerse en estado puro. Ese mismo halo trágico invade el fuerte pansexualismo erótico de *Poeta en Nueva York* y domina sobre todo la obra de teatro más arriesgada de Lorca, *El público*.

Trágico, porque el amor, como la muerte, brota de los oscuros chorros de la sangre, crece en el pecho, donde ya estaban, en un poema juvenil, los innumerables hijos de la Muerte; trágico también porque, desde su nacimiento, sobre él se lanza la sociedad con su catálogo de códigos y prohibiciones para maldecirlo primero y destruirlo si puede; trágico, también, porque, superadas las coacciones sociales, el amor vive en sí desesperado, cercado por presagios de una finalización imprevista, por premoniciones de desgarramientos infinitos; trágico, por último, porque el amor nada puede contra la omnipotencia del tiempo y de la muerte; ni siquiera la perpetuación de la especie en otra criatura ha de servir de consuelo, porque el tema de la esterilidad aparece desde el drama de 1934 *Yerma* hasta los *Sonetos del amor oscuro*, pasando por composiciones de *Poeta en Nueva York* como la «Oda a Walt Whitman»; la falta de «fruto», la esterilidad, hacen del amor una «piedra sin semilla», y la piedra era, para el Rubén Darío de «Lo fatal», la imposibilidad absoluta de sentimiento: es decir, la esterilidad condena el amor a la inexistencia, y todo lo más a un goce erótico lleno de desesperaciones y amarguras.

Recorrido poético

Tras *Impresiones y paisajes,* libro de prosas, la obra lorquiana se inicia con el citado *Libro de poemas* que nos ha servido para mostrar cómo se amalgaman en la obra de Lorca, desde el primer momento, romanticismo y pince-ladas vanguardistas, búsqueda de un popularismo sencillo y tonos reflexivos de escepticismo juvenil, germen de la posterior visión dramática del mundo. Nada más conclui-do, Lorca se embarca en la escritura de *suites* que no habrían de ver la luz en su totalidad hasta 1981—en tra-ducción francesa— y 1983 en su original castellano, aun-que parcialmente habían ido apareciendo en distintas recopilaciones de *Obras Completas* desde 1951. De hecho, las había empezado a finales de 1920 y, pese a su deseo explícito de publicarlas, solo unas pocas habían aparecido en revistas; pero la profunda concentración que le exigió el *Poema del cante jondo*, durante tres meses de 1921, interrumpieron esa dedicación cuyo sentido explica el propio Lorca, en enero de 1922, prácticamente con-cluido el libro, en carta a su amigo Adolfo Salazar:

> Terminé de dar el último repaso a las suites y ahora pongo los tejadillos de oro al *Poema del cante jondo* (...). Su ritmo es estilizadamente popular y saco a relucir en él a los *cantaores* viejos y a toda la fauna y flora fantásticas que llenan estas sublimes canciones: el SILVERIO, el JUAN BREVA, el LOCO MATEOS, la PARRALA, el FILLO... y ¡la Muer-te! Es un retablo..., es... un *puzle americano*, ¿compren-des? El poema empieza con un crepúsculo inmóvil y por él desfilan la *siguiriya*, la *soleá*, la *saeta* y la *petenera*. El poema está lleno de gitanos, de velones, de fraguas: tiene hasta alusiones a Zoroastro. Es la primera cosa de otra orientación mía y no sé todavía qué decirte de él... ¡pero novedad si tiene! (...). Los poetas españoles no han toca-do nunca este tema, y siquiera por el atrevimiento merez-co una sonrisa, que tú me enviarás enseguiditita.

Lorca enuncia ya el eje de este libro y de buena parte de su obra: la escenografía es la Andalucía doliente y dolida del cante jondo, con su séquito de guitarras, de ciudades, de civiles y de gitanos. La Andalucía trágica, que se configura como espacio mítico, con sus pulsiones violentas, dionisíacas y trágicas; porque aunque haya aspectos narrativos, como la existencia real y documentada de personajes como Juan el Breva, Silverio, etc., Lorca controla ese mundo quintaesenciando la realidad, sublimando la anécdota, eliminando toda esa escoria de los datos para desembocar en el lirismo puro. De este modo consigue aunar dos extremos: el tema andaluz, por el que entronca con el popularismo, y el lenguaje, virtualmente nuevo, tramado por unos inicios de cosmovisión propia, en parte acabada, a base de apuntes delicados y rápidos, versos impresionistas de metro corto, preferentemente octosílabos, de gran fuerza musical y poderosa síntesis de imagen.

Ciudad de fiesta, caballistas con sus jacas, gitanos, lunas, saetas, pechos redondos, panderetas, reyertas: un mundo trágico donde a menudo brillan los puñales y donde oscuras expresiones de misterio profundo crean ese ámbito mítico de la «Andalucía del llanto», donde amor y muerte se dan la mano y donde la naturaleza no es una fuerza estática, sino que, personificada, actúa como una amenaza ayudando a la tensión de la anécdota en que se sustenta —cuatro hilos apenas— el poema.

Pero también es radicalmente nueva en este camino iniciado aquí, en el *Poema del cante jondo*, y que desembocará en el *Primer romancero gitano*, junto a ese tema nunca tocado por los poetas españoles, según observa el propio Lorca, la fuerza musical de sus octosílabos. Característica que no puede extrañar si tenemos en cuenta que Lorca, además del conocimiento de la poesía popular, estaba al tanto el orientalismo importado a la lírica castellana por los modernistas, y en especial por el mexicano José Juan Tablada: son esas alusiones zoroástricas y la fina estilización de todo el poemario, que en ocasiones presenta rasgos emparentados con el *hai-ku* (en el poema «Cruz», por ejemplo). Y temáticamente, un rasgo relevante: la presencia de la muerte, constante, esencial para el mundo de mitología descrito por metáforas osadas que contrastan con la sencillez del mundo expuesto. Algo posteriores al bloque central del *Poema del cante jondo* son dos diálogos: «Escena del teniente de la Guardia civil» y «Diálogo del Amargo», donde la tensión teatral —ambos se han llevado a los escenarios— y la brutal presencia de la muerte se unen a la denuncia de la marginación y la opresión sufrida por los gitanos: esa crítica, esa denuncia será, a partir de este momento, constante en la obra de Lorca: el gitano en la Andalucía del romancero en este inicio; el homosexual en Nueva York y las ciudades de violencia, cemento y hierro en los últimos poemas.

Hasta 1927, fecha de conclusión del *Primer romancero gitano*, son dos los ciclos que Lorca sigue poéticamente: el de las *suites* y el de *Canciones*; entre 1921 y 1924, Lorca se dedica a un tipo de canción breve con distintas variaciones de tono: el *Poema del cante jondo*, por un lado; las *Suites* y las *Canciones*; por otro; aunque en estos dos el tono sea popular, la concentración subjetiva es más honda. A pesar de la semejanza métrica, el tono de *Suites* y *Canciones* es distinto: en el primero, esas breves composiciones se cargan, al describir espacios, paisajes, matices, de la intimidad del poeta, aislado en breves reflexiones sustancializadas de estados de ánimo dominados por una desazón que no llega al desgarro: la nostalgia del amor perdido, la vivencia en el abandono empañan levemente la mirada del poeta porque pretende describir desde una perspectiva neutra que, no obstante, deja traslucir la intimidad de Lorca: la presencia de la noche es constante, y todo se materializa en una sensación de abandono, de añoranza y de frustración. El lucero está «sin párpados»; el agua, dormida; los tonos resultan negros y amarillos; y en «Madrigal», el recuerdo emocionado de Lucía de Granada concluye con interrogaciones desazonadas.

En estas *suites*, Lorca gira de forma obsesiva sobre un mundo al que le lleva la búsqueda de la poesía pura. La nostalgia de la edad feliz, de la infancia, siempre presente, le hace gritar: «Quiero morirme siendo / amanecer. / Quiero morirme siendo / ayer. / Yo vuelvo / por mis alas». Toda la serie «El Regreso» es un llanto por la infancia perdida, un intento de retorno a la pureza matinal de la niñez. El mundo se abre desolado y desolador: el agua es negra, muerto está el camino, y segado el tallo de la luna...

Algunas de las *suites* pasarán a *Canciones*, pero aquí el tono puede parecer más leve, más gozoso, proponiendo un claro avance hacia una alegría delicada por su recuerdo de experiencias y ritmos infantiles, por juegos que, en cierto modo, emparentan con el romancero. Sería, sin embargo, una mirada superficial: por debajo corre un sabor agridulce, la añoranza que ya aparecía en las *suites*. La gracia de poemas como «El lagarto está llorando» deja paso, acto seguido, a una caída hacia el abismo: abismo de la muerte, abismo del sexo («Eros con bastón», abismo de sombra misteriosa, como en la «Canción del naranjo seco», donde aparece obsesiva la esterilidad. Son dos las fuerzas que juegan en esta nostalgia de la infancia: el simple recordar, por un lado; por el otro, la añoranza y la presencia del presente y del futuro («Canción con movimiento»).

En esos tres libros, Lorca ha conseguido unas herramientas expresivas que le han permitido redondear su mundo de símbolos. A partir de ese instante, los poemarios son perfectos, acabados, como demuestra el *Romancero gitano*, formado por dieciocho romances de éxito fulgurante que retornan al mundo del *Poema del cante jondo*. Con poderoso vuelo dramático, Lorca acepta la tradición del viejo romance castellano para humanizarla hasta la médula, en contraste con los puristas, para llenarla de objetos y de sensaciones humanas, de violencia, odio, sexualidad, evocaciones y referencias concretas a lenguajes populares que trata poéticamente con un fulgor desconocido por la tradición. Pero no hay popularismo en el tratamiento del *Romancero gitano*, sino cultismo. Lorca maneja el idioma con una habilidad sorprendente, con una facilidad difícil mediante la que la realidad se trueca en narrativa poética, en épica, mientras por debajo corre toda la cultura y su natural capacidad creativa. El juego metafórico da vida y anima esa realidad poética y dramática a un tiempo, porque el *Romancero* se tiende en esencia sobre hilos narrativos, según buena parte de la tradición del género: la muerte de Antonio Camborio a manos de sus cuatro primos, los civiles persiguiendo a las tribus gitanas, el mundo extrafolclórico de los romances de san Rafael, san Miguel y san Gabriel, a quienes con fina agudeza Lorca inserta en ese otro mundo de su Andalucía mítica, el erotismo que se derrama por numerosas composiciones, etc. Amor, sueño, sangre y muerte servirán de pauta a estos romances donde se contraponen realidad e irrealidad, emotividad y crudeza realista, colorido y musicalidad.

En su síntesis de lo popular y lo culto, habíamos visto a Lorca recoger facetas de la poesía de vanguardia en el sistema de simbolizaciones, cierta entrega a lo semiinconsciente, que ya aparece en la «Oda a Salvador Dalí» y en la «Oda al Santísimo Sacramento», de 1928. Poco antes, Lorca había conocido el movimiento surrealista, su culto a la irracionalidad y al sueño y su sistema de creación de imágenes. El impacto que para el poeta supuso su viaje a Nueva York, en 1929, había de provocar la aparición de dos elementos nuevos en su poesía: el lenguaje y la visión del mundo, que ahora se centra en la realidad contemplada entre el asfalto y los rascacielos. Las luces mediterráneas o andaluzas, los cielos nacientes por donde corría su fantasía preñada de gitanos se esfuma ante la bruma de humo y acero, ante la falacia de la vida, ante el hormigón y los mataderos, ante el crac de las finanzas de ese mismo año; un mundo donde violencia y rebeldía tienen un fin de muerte. Nadie recibe la aurora en su boca «porque allí no hay mañana ni esperanza posible»:

> Los primeros que salen comprenden con sus huesos
> que no habrá paraísos ni amores deshojados;
> saben que van al cielo de números y leyes.

Poeta en Nueva York es el látigo que Lorca emplea para fustigar una realidad malsana, para señalar con voz agria los manantiales del dolor del hombre con una furia poética que traspasa, en su desmesura, lo real. Para ello, da preferencia a sus recursos de poeta dramático, deja que una plasticidad casi escénica penetre lo inconsciente, alarga los versos y destruye los ritmos cortos octosílabos para dar a las imágenes un sesgo alucinado; las asociaciones de imágenes y metáforas se descomponen y repiten formando un clima dominado por la opacidad, por un magma ameboide que linda con la pesadilla. Por todas partes encontramos ejemplos que parecen propios de la escritura automática, aunque en Lorca sus raíces arranquen del mundo metafórico antes citado:

> Una luna incomprensible que iluminaba por los rincones
> los pedazos de limón seco bajo el negro duro de las estrellas
> . . . .
> Las muchachas americanas
> llevaban niños y monedas en el vientre.

En este poemario, Lorca traspasa sus propios límites, se sumerge en un mundo caótico para denunciarlo, corriendo el mayor riesgo asumido por la poesía española del siglo. Y de este modo, *Poeta en Nueva York* se convierte en el eje central de la lírica lorquiana, obligándonos a ordenar todo lo escrito hasta entonces y lo que todavía ha de escribir en esos cinco últimos años a partir de la experiencia neoyorquina y de la complejidad lírica de su forma expresiva. Pero solo le quedaban dos títulos poéticos: *Diwán del Tamarit*, también editado póstumo, formado por veintiún poemas divididos en *gacelas* y *casidas*, con claras resonancias orientales en el aparato externo, pero íntimamente centrado en dos de los temas consustanciales al mundo lorquiano: el amor y la muerte. El poeta se vuelve ahora hacia la propia intimidad, como en los *Sonetos del amor oscuro*, solo editados en 1983-1984, para tornar hacia formas clásicas en la expresión del sentimiento amoroso, de fuerte contenido erótico.

De entreacto podemos calificar el *Llanto por Ignacio Sánchez Mejías,* torero muerto en la plaza de Manzanares en agosto de 1934: algo más de doscientos versos divididos en cuatro partes que narran la cogida y la muerte, que consideran al torero en su lucha final, que lo ven ya muerto para concluir la elegía con un *carpe diem* sereno y melancólico, de denso dramatismo. En el *Llanto* están presentes las dos fases lorquianas: la trágica y narrativa del *Romancero* y la fuerza descarnada que le presta el lenguaje de los últimos años, lo mismo que en los *Seis poemas galegos,* un homenaje a Galicia, con inclusión entre sus temas de la romería a Nuestra Señora da Barca, la emigración, Rosalía de Castro y la lluvia.

Poesía escénica

Además de los poemas sueltos y de otros poemas juveniles que se han recuperado, hay que citar la poesía que Lorca incluyó en sus obras de teatro, dado que algunos fragmentos aparecen en esta *antología.* Excepción hecha de Valle-Inclán, Lorca fue el único dramaturgo que supo sacar al teatro español del marasmo de chabacanería y realismo idealista en que Echegaray y Benavente lo habían sumido. Y si la carrera teatral de nuestro autor se inicia con apoyaturas más líricas que dramáticas, en los últimos años el dramatismo irá imponiéndose en la escena, al par que en su poesía. A raíz del fracaso de *El maleficio de la mariposa* (1921), la voz de Lorca calla durante seis años, hasta *Mariana Pineda,* obra donde lírica y tragedia se mezclan de forma desigual, con predominio de la primera. En *Bodas de sangre*, sin embargo, hay ya un mundo escénico propio, que Lorca proseguirá en *Yerma* y en *La casa de Bernarda Alba*: la sangre, el sexo y la maternidad, tres fuerzas elementales se convierten en protagonistas de estos dramas que conjugan el popularismo con el primitivismo de las pasiones y con el hondo sabor trágico de unos personajes esquemáticos que cumplen, casi a golpes de sino griego, su cometido. *Bodas de sangre* desparrama ese líquido vital por culpa del honor mancillado de un varón y el amor hirsuto de otro, en un clima que ahonda el de las reyertas en el monte del *Romancero gitano*, *Yerma* será el grito de las entrañas secas de una casada; *La casa de Bernarda Alba* vuelve al tema del sexo y del amor reprimidos por una severidad maternal que terminará castigada en su propia carne. Y a su lado, otras obras que no alcanzan la calidad artísticas de esas, aunque todas resultan refrescantes para la época y de interés para un conocimiento cabal de Lorca, que, en ellas, da la impresión de escribir para el «público real», para el «público realmente existente» en esa España de los años treinta: *La zapatera prodigiosa* (1930), *Amor de don Perlimplín* (1931), *Retablillo de don Cristóbal* (1931) —farsas que tienen por denominador común un aire de estampa popular y una vena lírica sustentada en la acción—, *Doña Rosita la soltera o el lenguaje de las flores* (1935).

Dos son, no obstante, las piezas mayores del autor de *Poeta en Nueva York*, dos ensayos de teatro no tradicional, que pueden figurar entre el teatro más vanguardista del siglo: *Así que pasen cinco años* y *El público*, a las que hay que añadir el acto de *Comedia sin título*; el desagrado o incomprensión de las personas que asistieron a las lecturas privadas de *El público,* por ejemplo, motivaron el juicio del autor sobre este tipo de piezas que calificó de «teatro imposible»: era teatro para «dentro de diez o veinte años». En efecto, una vez puesta sobre escena, en *El público* se ha visto una de las premoniciones de lo que años más tarde sería en Europa el teatro del absurdo.

MAURO ARMIÑO

Bibliografía

Federico García Lorca: *Obras Completas*, edición de Miguel García-Posada, 4 volúmenes. Galaxia-Gutenberg/Círculo de Lectores, Barcelona, 1996-1997.

Única edición rigurosa, con abundantes textos y documentos inéditos, de la *Obra Completa* de García Lorca, ordenada del siguiente modo: tomo I: *Poesía*; tomo II: *Teatro*; tomo III: *Prosa*; tomo IV: *Primeros escritos*.

En esta *Antología* seguimos los textos fijados por Miguel García-Posada, a quien agradezco su amable permiso para reproducirlos; tengo en cuenta del mismo modo para la cronología y la bibliografía su estudio *Federico García Lorca* (Edaf, Madrid, 1979).

A continuación damos de forma sucinta la bibliografía lorquiana, anotando la cronología de redacción (fechas entre paréntesis), y la publicación de los principales poemarios, obras dramáticas y demás textos lorquianos, ordenados por la data de edición.

Obras de Federico García Lorca

Libros de poesía

Libro de poemas (1918-1920), Madrid, Maroto, 1921.
Canciones (1921-1924), Málaga, Litoral, 1927.
Primer romancero gitano (1924-1927), Madrid, Revista de *Occidente,* 1928.
Poema del cante jondo (1921), Madrid, C.I.A.P., Ulises, 1931.
Llanto por Ignacio Sánchez Mejías (1934), Madrid, Ediciones del Árbol, *Cruz y Raya,* 1935.
Seis poemas galegos (1932-1934), Santiago de Compostela, Nós, 1935.
Primeras canciones (1922), Madrid, *Héroe,* 1936.
Poeta en Nueva York (1929-1930), México, Ediciones Séneca, 1940 (fecha oficial de terminación: 15 de junio).
The Poet in New York and other poems of F.G.L. The Spanish Text *with an English translation by Rolfe Humphries;* Norton, New York, 1940 (fecha oficial de terminación: 24 de mayo).
Diwán del Tamarit (1931-1934), *Revista Hispánica Moderna,* Nueva York, 1940.
Suites, ed. de André Belamich, Ariel, Barcelona, 1983.
Sonetos del amor oscuro, Granada, 1983.

Prosa

Impresiones y paisajes (1917-1918), Granada, Imp. Paulino Ventura, 1918.

Obras dramáticas

El maleficio de la mariposa (1920), Madrid, Aguilar, 1954.
Mariana Pineda (1927), Madrid, La Farsa, 1928.
Los títeres de Cachiporra. Tragicomedia de don Cristóbal y la señá Rosita (después de 1923), *Raíz*, Facultad de F. y Letras, 1948-49.
Amor de don Perlimplín con Belisa en su jardín (Aleluya erótica), 1923-33, Buenos Aires, Losada, 1938-1942.
La zapatera prodigiosa (1930), *O. C.*, Losada.
El público (1930). Fragmentos *en Los cuatro vientos* (1933). Texto de R. Martínez Nadal, en *Autógrafos,* II, cit., 1976.
Así que pasen cinco años (1931-1936). *Hora de España*, Valencia, 1937 (una escena); *O. C.,* Losada.
Retablillo de don Cristóbal (1931), Valencia, Comisariado General de Guerra, 1938.
Bodas de sangre (1933), *Cruz y Raya,* Madrid, 1936.
Yerma (1934), *O. C.*, Losada.
Comedia sin título (1935), publicada por M. Laffranque, «F. G. L.: Une pièce inachevée», *Bulletin Hispanique*, t. LXXVIII, núms. 3-4, julio-diciembre 1976, pp. 349-372.
Doña Rosita la soltera o El lenguaje de las flores (1935), *O. C.,* Losada.
La casa de Bernarda Alba (1936), *O. C.,* Losada.
El público Comedia sin título, Barcelona, Seix Barral, 1978 (con estudio de M. Laffranque).

Conferencias

«El cante jondo. Primitivo canto andaluz», Granada,
    1922.
«La imagen poética de don Luis de Góngora», Granada,
    1926.
«Homenaje a Soto de Rojas», Granada, 1926.
«Imaginación, inspiración y evasión», Granada, 1928.
«Sketch de la pintura moderna», Granada, 1928.
«Las nanas infantiles», Madrid, 1928.
«Lo que canta una ciudad de noviembre a noviembre»,
    La Habana, 1930.
«Teoría y juego del duende», La Habana, 1930.
«Conferencia-recital sobre *Poeta en Nueva York*»,
    Madrid, 1932.
«Elegía a María Blanchard», Madrid, 1932.
«Conferencia sobre el *Romancero gitano*», Madrid,
    1933.
«Charla sobre teatro», Madrid, 1935.

Otras prosas

«Granada (Paraíso cerrado para muchos)».
«Semana Santa en Granada», 1936.
Diversos artículos, notas y alocuciones, recogidos en
    O. C., Aguilar.
«Sol y sombra» (1930), poema en prosa destinado a una
    Tauromaquia.
Cartas (más de doscientas) dirigidas a amigos y familiares.
Declaraciones y entrevistas, recogidas en *O. C.*

Cronología

1898. Federico García Lorca nace el 5 de junio en Fuente Vaqueros, Granada, hijo de un agricultor y propietario, Federico García Rodríguez, y de Vicenta Lorca, maestra nacional excedente. Durante la infancia estudiará con su madre en casa y con un maestro nacional, Antonio Rodríguez Espinosa. La familia se traslada a Asquerosa, pueblo cercano a Fuente Vaqueros, que hoy lleva el nombre de Valderrubios.

1908. Inicia sus estudios de bachillerato y se traslada a Granada con su familia.

1915. Obtiene el título de bachiller e inicia Letras y Derecho en la universidad de Granada, donde conoce a jóvenes intelectuales como Manuel Ángeles Ortiz, Antonio Gallego Burín, Melchor Fernández Almagro, etcétera.

1916. Muerte de su profesor de música, Antonio Segura Mesa; ello supondrá una paralización de sus estudios musicales. Durante una excursión

arqueológica con el profesor Martín Domínguez Berrueta, conoce en Baeza a Antonio
Machado.

1917. A finales de año comienza a escribir poesía; aparecen sus dos primeros trabajos en prosa: «Diva-
gación. Las reglas de la música» y «Fantasía sim-
bólica».

1918. Aparece en Granada *Impresiones y paisajes*; su
primer libro.

1919. Se traslada a Madrid, a la Residencia de Estu-
diantes, aunque viajará con frecuencia a Granada.
Conoce a José Moreno Villa, Gregorio Martínez
Sierra, Juan Ramón Jiménez y Luis Buñuel.

1920. Su primer estreno teatral, *El maleficio de la mariposa*, se resuelve en fracaso.

1921. Publica *Libro de poemas*, y entre noviembre y
enero del año siguiente escribe casi en su totalidad el *Poema del cante jondo*, alternando después
las *Suites* y las *Canciones*.

1922. En el Centro Artístico de Granada lee su conferencia «El cante jondo. Primitivo canto andaluz».

1923. Fiesta infantil en Granada, que preparan Falla y
Lorca; hay en el programa una pieza de guiñol,
*La niña que riega la albahaca y el príncipe pre-
guntón*, de Lorca. En otoño conoce a Salvador
Dalí.

1924. Colabora con Falla en una «operita»: *La come-
dianta*. Empieza a escribir *Romancero gitano* y
Amor de don Perlimplín.

1926. Conferencia en Granada «La imagen poética de
don Luis de Góngora».

1927. Estancia en Cataluña en mayo-junio. Publica
Canciones y estrena *Mariana Pineda* en Barcelona y Madrid. Conoce a Vicente Aleixandre, y en
un viaje a Sevilla a Luis Cernuda, Joaquín Rome-
ro Murube, etcétera.

1928. Publicación del *Primer Romancero gitano* y de
Mariana Pineda.
La acogida del Romancero deprime a Lorca: sus
compañeros vieron en el libro el fin de un poeta
vanguardista; críticas peyorativas de Dalí y
Buñuel (este escribiría a Dalí que el libro le
(«parece malo, muy malo»).

1929. Prohibida la representación de *Amor de don Perlimplín* por la dictadura primorriverista. En junio
Lorca sale hacia Nueva York en compañía de Fernando de los Ríos, pasando fugazmente por París,
Londres y Oxford. Se matricula en la Columbia
University, en cursos de inglés para extranjeros, y
redacta *Poeta en Nueva York*, algunos de *los
Sonetos del amor oscuro* y un guión cinemato-
gráfico, *Viaje a la Luna*.

1930. A primeros de marzo va a Cuba donde estará más
de tres meses. Conoce a Lezama Lima, a Juan

Marinello y otros escritores cubanos. De regreso a España, pasa por Nueva York en junio, escribiendo el día 15 de ese mes la «Oda a Walt Whitman». A finales de verano concluye *El público* y hace lecturas privadas de los poemas neoyorquinos. En diciembre estrena *La zapatera prodigiosa.*

1931. 14 de abril: proclamación de la Segunda República. Celebraciones populares y callejeras en las que participa Lorca. Aparece el *Poema del cante jondo*; pasa algún tiempo en Galicia.

1932. El Ministerio de Instrucción Pública aprueba la formación de *La Barraca,* que dará sus primeras representaciones en verano. Nueva estancia en Galicia en otoño: *Seis poemas galegos.*

1933. Estreno de *Bodas de sangre* en marzo; en abril, de *La zapatera prodigiosa* y de *Amor de don Perlimplín.* En octubre viaja a América del Sur, visitando Argentina y Uruguay dando conferencias y asistiendo a representaciones de obras suyas como *Mariana Pineda, La zapatera prodigiosa, Bodas de sangre.*

1934. En agosto muere en la plaza de toros de Madrid Ignacio Sánchez Mejías, origen del *Llanto,* que García Lorca escribirá en otoño. A finales de diciembre Margarita Xirgu estrena *Yerma*, rechazada y criticada por la prensa conservadora.

1935. Aparece en mayo el *Llanto por Ignacio Sánchez Mejías*, mientras se reestrenan otras obras teatrales como *Bodas de Sangre* y *La zapatera prodi-*

giosa Aparece publicado por la editorial Nós de Santiago de Compostela *Seis poemas galegos*.

1936. Aparecen *Primeras canciones* y *Bodas de sangre*. Lorca interviene en actos de propaganda a favor del Frente Popular. El 19 de junio concluye *La casa de Bernarda Alba*. Del 10 al 12 de julio deja sobre la mesa del director de *Cruz y Raya*, José Bergamín, un manuscrito de *Poeta en Nueva York* con una breve nota. El día 13 de ese mes sale para Granada. El 17 de julio se produce la sublevación militar contra la República. A las pocas semanas, y ante las amenazas, Lorca se instala en casa del poeta Luis Rosales (día 9). El día 16 Lorca es detenido por fuerzas adictas a la sublevación militar; en esa misma fecha es fusilado el alcalde socialista de la ciudad, Manuel Fernández Montesinos, cuñado del poeta. Tres días más tarde, Federico García Lorca es asesinado al amanecer junto a dos banderilleros, Joaquín Arcollas Cabezas y Francisco Galadí Mergal, y un maestro nacional: Dióscoro Galindo González. Sus restos deben hallarse al parecer al pie de uno de los olivos del lugar, en la carretera de Víznar a Alfacar.

1954. Se inicia la publicación de *Obras completas*, preparada por Arturo del Hoyo, que pretende ampliar las primeras, hechas a partir de 1938 por Guillermo de Torre.

1996-1997. Edición depurada de la *Obra Completa* (Galaxia-Gutenberg/Círculo de Lectores, Barcelona), con numerosos inéditos, a cargo de Miguel García-Posada.

ANTOLOGÍA

LIBRO DE POEMAS

CANCIÓN OTOÑAL

Noviembre de 1918
Granada

Hoy siento en el corazón
Un vago temblor de estrellas
Pero mi senda se pierde
En el alma de la niebla.
La luz me troncha las alas
Y el dolor de mi tristeza
Va mojando los recuerdos
En la fuente de la idea.

Todas las rosas son blancas,
Tan blancas como mi pena,
Y no son las rosas blancas,
Que ha nevado sobre ellas.
Antes tuvieron el iris.
También sobre el alma nieva.
La nieve del alma tiene
Copos de besos y escenas
Que se hundieron en la sombra
O en la luz del que las piensa.
La nieve cae de las rosas
Pero la del alma queda,
Y la garra de los años
Hace un sudario con ella.

¿Se deshelará la nieve
Cuando la muerte nos lleva?
¿O después habrá otra nieve
Y otras rosas más perfectas?

¿Será la paz con nosotros
Como Cristo nos enseña?
¿O nunca será posible
La solución del problema?

¿Y si el Amor nos engaña?
¿Quién la vida nos alienta
Si el crepúsculo nos hunde
En la verdadera ciencia
Del Bien que quizá no exista
Y del Mal que late cerca?

¿Si la esperanza se apaga
Y la Babel se comienza,
Qué antorcha iluminará
Los caminos en la Tierra?

¿Si el azul es un ensueño,
Qué será de la inocencia?
¿Qué será del corazón
Si el Amor no tiene flechas?

¿Y si la muerte es la muerte,
Qué será de los poetas
Y de las cosas dormidas
Que ya nadie las recuerda?
¡Oh sol de las esperanzas!
¡Agua clara! ¡Luna nueva!

¡Corazones de los niños!
¡Almas rudas de las piedras!
Hoy siento en el corazón
Un vago temblor de estrellas
Y todas las rosas son
Tan blancas como mi pena.

MADRIGAL DE VERANO

Agosto de 1920
VEGA DE ZUJAIRA

JUNTA tu roja boca con la mía,
¡Oh Estrella la gitana!
Bajo el oro solar del mediodía
Morderé la Manzana.

En el verde olivar de la colina
Hay una torre mora
Del color de tu carne campesina
Que sabe a miel y aurora.

Me ofreces en tu cuerpo requemado,
El divino alimento
Que da flores al cauce sosegado
Y luceros al viento.

¿Cómo a mí te entregaste, luz morena?
¿Por qué me diste llenos
De amor tu sexo de azucena
Y el rumor de tus senos?

53

¿No fue por mi figura entristecida?
(¡Oh mis torpes andares!)
¿Te dio lástima acaso de mi vida,
Marchita de cantares?

¿Cómo no has preferido a mis lamentos
Los muslos sudorosos
De un San Cristóbal campesino, lentos
En el amor y hermosos?

Danaide del placer eres conmigo.
Femenino Silvano.
Huelen tus besos como huele el trigo
Reseco del verano.

Entúrbiame los ojos con tu canto.
Deja tu cabellera
Extendida y solemne como un manto
De sombra en la pradera.

Píntame con tu boca ensangrentada
Un cielo del amor,
En un fondo de carne la morada
Estrella de dolor.

Mi pegaso andaluz está cautivo
De tus ojos abiertos;
Volará desolado y pensativo
Cuando los vea muertos.

Y aunque no me quisieras te querría,
Por tu mirar sombrío,
Como quiere la alondra al nuevo día,
Solo por el rocío.

Junta tu roja boca con la mía,
¡Oh Estrella la gitana!
Déjame bajo el claro mediodía
Consumir la Manzana.

BALADA DE UN DÍA DE JULIO

Julio de 1919

ESQUILONES de plata
Llevan los bueyes.

—¿Dónde vas, niña mía,
De sol y nieve?

—Voy a las margaritas
Del prado verde.

—El prado está muy lejos
Y miedo tiene.

—Al airón y a la sombra
Mi amor no teme.

—Teme al sol, niña mía,
De sol y nieve.

—Se fue de mis cabellos
Ya para siempre.

—¿Quién eres, blanca niña?
¿De dónde vienes?

—Vengo de los amores
Y de las fuentes.

Esquilones de plata
Llevan los bueyes.

—¿Qué llevas en la boca
Que se te enciende?

—La estrella de mi amante
Que vive y muere.

—¿Qué llevas en el pecho
Tan fino y leve?

—La espada de mi amante
Que vive y muere.

—¿Qué llevas en los ojos
Negro y solemne?

—Mi pensamiento triste
Que siempre hiere.

—¿Por qué llevas un manto
Negro de muerte?

—¡Ay, yo soy la viudita
Triste y sin bienes!

Del conde del Laurel
De los Laureles.

—¿A quién buscas aquí
Si a nadie quieres?

—Busco el cuerpo del conde
De los Laureles.

—¿Tú buscas el amor,
Viudita aleve?
Tú buscas un amor
Que ojalá encuentres.

—Estrellitas del cielo
Son mis quereres.
¿Dónde hallaré a mi amante
Que vive y muere?

—Está muerto en el agua,
Niña de nieve,
Cubierto de nostalgias
Y de claveles.

—¡Ay! caballero errante
De los cipreses,
Una noche de luna
Mi alma te ofrece.

—Ah Isis soñadora,
Niña sin mieles
La que en bocas de niños
Su cuento vierte.
Mi corazón te ofrezco,
Corazón tenue,

Herido por los ojos
De las mujeres.

—Caballero galante,
Con Dios te quedes.
Voy a buscar al conde
De los Laureles...

Adiós mi doncellita,
Rosa durmiente,
Tú vas para el amor
Y yo a la muerte.

Esquilones de plata
Llevan los bueyes.

—Mi corazón desangra
Como una fuente.

«IN MEMORIAM»

Agosto de 1920

DULCE chopo,
Dulce chopo,
Te has puesto
De oro.
Ayer estabas verde,
Un verde loco
De pájaros
Gloriosos.
Hoy estás abatido

Bajo el cielo de agosto
Como yo bajo al cielo
De mi espíritu rojo.
La fragancia cautiva
De tu tronco
Vendrá a mi corazón
Piadoso.
¡Rudo abuelo del prado!
Nosotros,
Nos hemos puesto
De oro.

LA BALADA DEL AGUA DEL MAR

1920

A EMILIO PRADOS
(CAZADOR DE NUBES)

EL mar,
Sonríe a lo lejos.
Dientes de espuma,
Labios de cielo.

—¿Qué vendes, oh joven turbia,
Con los senos al aire?

—Vendo, señor, el agua
De los mares.

—¿Qué llevas, oh negro joven,
Mezclado con tu sangre?

—Llevo, señor, el agua
De los mares.

—¿Esas lágrimas salobres
De dónde vienen, madre?

—Lloro, señor, el agua
De los mares.

—Corazón, y esta amargura
Seria, ¿de dónde nace?

—¡Amarga mucho el agua
De los mares!

El mar,
Sonríe a lo lejos.
Dientes de espuma,
Labios de cielo.

MEDITACIÓN BAJO LA LLUVIA

FRAGMENTO

3 de enero de 1919

A JOSÉ MORA

HA besado la lluvia al jardín provinciano
Dejando emocionantes cadencias en las hojas.
El aroma sereno de la tierra mojada,
Inunda al corazón de tristeza remota.

Se rasgan nubes grises en el mudo horizonte.
Sobre el agua dormida de la fuente, las gotas
Se clavan, levantando claras perlas de espuma.
Fuegos fatuos, que apaga el temblor de las ondas.

La pena de la tarde estremece a mi pena.
Se ha llenado el jardín de ternura monótona.
¿Todo mi sufrimiento se ha de perder, Dios mío,
Como se pierde el dulce sonido de las frondas?

¿Todo el eco de estrellas que guardo sobre el alma
Será luz que me ayude a luchar con mi forma?
¿Y el alma verdadera se despierta en la muerte?
¿Y esto que ahora pensamos se lo traga la sombra?

¡Oh, qué tranquilidad del jardín con la lluvia!
Todo el paisaje casto mi corazón transforma,
En un ruido de ideas humildes y apenadas
Que pone en mis entrañas un batir de palomas.

Sale el sol.
El jardín desangra en amarillo.
Late sobre el ambiente una pena que ahoga.
Yo siento la nostalgia de mi infancia intranquila,
Mi ilusión de ser grande en el amor, las horas
Pasadas como esta contemplando la lluvia
Con tristeza nativa.
                    Caperucita roja
Iba por el sendero...
Se fueron mis historias, hoy medito, confuso,
Ante la fuente turbia que del amor me brota.

¿Todo mi sufrimiento se ha de perder, Dios mío,
Como se pierde el dulce sonido de las frondas?

Vuelve a llover.
El viento va trayendo a las sombras.

AIRE DE NOCTURNO

1919

Tengo mucho miedo
De las hojas muertas,
Miedo de los prados
Llenos de rocío.
Yo voy a dormirme;
Si no me despiertas,
Dejaré a tu lado mi corazón frío.

¿Qué es eso que suena
muy lejos?
Amor.
El viento en las vidrieras,
¡Amor mío!

Te puse collares
Con gemas de aurora.
¿Por qué me abandonas
En este camino?
Si te vas muy lejos
Mi pájaro llora
Y la verde viña
No dará su vino.

¿Qué es eso que suena
Muy lejos?
Amor.
El viento en las vidrieras,
¡Amor mío!

Tú no sabrás nunca,
Esfinge de nieve,
Lo mucho que yo
Te hubiera querido
Esas madrugadas
Cuando tanto llueve
Y en la rama seca
Se deshace el nido.

¿Qué es eso que suena
Muy lejos?
Amor.
El viento en las vidrieras,
¡Amor mío!

NIDO

1919

¡QUÉ es lo que guardo en estos
Momentos de tristeza?
¡Ay!, ¿quién tala mis bosques
Dorados y floridos?
¿Qué leo en el espejo
De plata conmovida

Que la aurora me ofrece
Sobre el agua del río?
¿Qué gran olmo de idea
Se ha tronchado en mi bosque?
¿Qué lluvia de silencio
Me deja estremecido?
Si a mi amor dejé muerto
En la ribera triste,
¿Qué zarzales me ocultan
Algo recién nacido?

SUITES

SUITE DE LOS ESPEJOS

Símbolo

Cristo
tenía un espejo
en cada mano.
Multiplicaba
su propio espectro.
Proyectaba su corazón
en las miradas
negras.
¡Creo!

El gran espejo

Vivimos
bajo el gran espejo.
¡El hombre es azul!
¡Hosanna!

Reflejo

Doña Luna.
(¿Se ha roto el azogue?)
No.
¿Qué muchacho ha encendido
su linterna?
Solo una mariposa
basta para apagarte.
Calla... ¡Pero es posible!
¡Aquella luciérnaga
es la luna!

Rayos

Todo es abanico.
Hermano, abre los brazos.
Dios es el punto.

Réplica

Un pájaro tan solo
canta.
El aire multiplica.
Oímos por espejos.

TIERRA

Andamos
sobre un espejo,
sin azogue,
sobre un cristal
sin nubes.
Si los lirios nacieran
al revés,
si las rosas nacieran
al revés,
si todas las raíces
miraran las estrellas,
y el muerto no cerrara
sus ojos,
seríamos como cisnes.

CAPRICHO

Detrás de cada espejo
hay una estrella muerta
y un arco iris niño
que duerme.

Detrás de cada espejo
hay una calma eterna
y un nido de silencios
que no han volado.

El espejo es la momia
del manantial, se cierra,
como concha de luz,
por la noche.

El espejo
es la madre-rocío,
el libro que diseca
los crepúsculos, el eco hecho carne.

SINTO

Campanillas de oro.
Pagoda dragón.
Tilín, tilín,
sobre los arrozales.
Fuente primitiva.
Fuente de la verdad.
A lo lejos,
garzas de color rosa
y el volcán marchito.

LOS OJOS

En los ojos se abren
Infinitos senderos.
Son dos encrucijadas
de la sombra.
La muerte llega siempre
de esos campos ocultos.
(Jardinera que troncha
las flores de las lágrimas.)

Las pupilas no tienen
horizontes.
Nos perdemos en ellas
como en la selva virgen.

Al castillo de irás
y no volverás
se va por el camino
que comienza en el iris.
¡Muchacho sin amor,
Dios te libre de la yedra roja!
¡Guárdate del viajero,
Elenita que bordas
corbatas!

«INITIUM»

ADÁN y Eva.
La serpiente
partió el espejo
en mil pedazos,
y la manzana
fue la piedra.

«BERCEUSE» AL ESPEJO DORMIDO

DUERME.
No temas la mirada
errante.
      Duerme.

   Ni la mariposa,
ni la palabra,
ni el rayo furtivo
de la cerradura
te herirán.
      Duerme.

Como mi corazón,
así tú,
espejo mío.
Jardín donde el amor
me espera.

Duérmete sin cuidado,
pero despierta,
cuando se muera el último
beso de mis labios.

AIRE

EL aire,
preñado de arcos iris,
rompe sus espejos
sobre la fronda.

CONFUSIÓN

MI corazón
¿es tu corazón?
¿Quién me refleja pensamientos?
¿Quién me presta
esta pasión
sin raíces?
¿Por qué cambia mi traje
de colores?
¡Todo es encrucijada!
¿Por qué ves en el cielo
tanta estrella?

¿Hermano, eres tú
o soy yo?
¿Y estas manos tan frías
son de aquel?
Me veo por los ocasos,
y un hormiguero de gente
anda por mi corazón.

REMANSO

EL búho
deja su meditación,
limpia sus gafas
y suspira.
Una luciérnaga
rueda monte abajo,
y una estrella
se corre.
El búho bate sus alas
y sigue meditando.

ENCUENTRO

MARÍA del Reposo,
te vuelvo a encontrar
junto a la fuentefría
del limonar.
¡Viva la rosa en su rosal!

María del Reposo,
te vuelvo a encontrar,
los cabellos de niebla
y ojos de cristal.
¡Viva la rosa en su rosal!

María del Reposo,
te vuelvo a encontrar.
Aquel guante de luna que olvidé,
¿dónde está?
¡Viva la rosa en su rosal!

REMANSOS

REMANSILLO

Me miré en tus ojos
pensando en tu alma.

Adelfa blanca.

Me miré en tus ojos
pensando en tu boca.

Adelfa roja.

Me miré en tus ojos.
¡Pero estabas muerta!

Adelfa negra.

EL REGRESO

Yo vuelvo
por mis alas.

¡Dejadme volver!

¡Quiero morirme siendo
amanecer!

¡Quiero morirme siendo
ayer!

Yo vuelvo
por mis alas.

¡Dejadme retornar!

¡Quiero morirme siendo
manantial.

Quiero morirme fuera
de la mar.

RECODO

QUIERO volver a la infancia.
Y de la infancia a la sombra.

¿Te vas, ruiseñor?
Vete.

Quiero volver a la sombra.
Y de la sombra a la flor.

    ¿Te vas, aroma?
    ¡Vete!

Quiero volver a la flor.
Y de la flor.
a mi corazón.

    ¿Te vas, amor?
    ¡Adiós!

(¡A mi desierto corazón!)

SUITE DEL AGUA

PAÍS

EN el agua negra,
árboles yacentes,
margaritas
y amapolas.

Por el camino muerto
van tres bueyes.

Por el aire,
el ruiseñor,
corazón del árbol.

TEMBLOR

EN mi memoria turbia
con un recuerdo de plata,
piedra de rocío.

En el campo sin monte,
una laguna clara,
manantial apagado.

ACACIA

¿QUIÉN segó el tallo
de la luna?

(Nos dejó raíces
de agua.)

¡Qué fácil nos sería cortar las flores
de la eterna acacia!

CURVA

CON un lirio en la mano
te dejo.
¡Amor de mi noche!
Y viudita de mi astro
te encuentro.

¡Domador de sombrías
mariposas!,
sigo por mi camino.
Al cabo de mil años
me verás.
¡Amor de mi noche!
Por la vereda azul,
domador de sombrías
estrellas,
seguiré mi camino.
Hasta que el Universo
quepa en mi corazón.

COLMENA

¡Vivimos en celdas
de cristal,
en colmena de aire!
Nos besamos a través
de cristal.
¡Maravillosa cárcel,
cuya puerta
es la luna!

CRUZ

NORTE

LAS estrellas frías
sobre los caminos.
Hay quien va y quien viene
por selvas de humo.
Las cabañas suspiran
bajo la aurora perpetua.
¡En el golpe
del hacha
valles y bosques tienen
un temblor de cisterna!
¡En el golpe
del hacha!

SUR

SUR,
espejismo,
reflejo.
Da lo mismo decir
estrella que naranja,
cauce que cielo.

¡Oh la flecha,
la flecha!
El Sur
es eso:
una flecha de oro,
¡sin blanco!, sobre el viento.

ESTE

Escala de aroma
que baja
al Sur
(por grados conjuntos).

OESTE

Escala de luna
que asciende
al Norte
(cromática).

CANCIÓN MORENA

ME perdería
por tu país moreno,
María del Carmen.

Me perdería
por tus ojos sin nadie
pulsando los teclados
de tu boca inefable.

En tu abrazo perpetuo
sería moreno el aire
y tendría la brisa
el vello de tu carne.

Me perdería
por tus senos temblantes,
por las hondas negruras
de tu cuerpo suave.

Me perdería
por tu país moreno,
María del Carmen.

CORRIENTE LENTA
En el Cubillas

POR el río se van mis ojos,
por el río...

Por el río se va mi amor,
por el río...

(Mi corazón va contando
las horas que está dormido.)

El río trae hojas secas,
el río...

El río es claro y profundo,
el río...

(Mi corazón me pregunta
Si puede cambiar de sitio.)

POEMA DEL CANTE JONDO

BALADILLA DE LOS TRES RÍOS

A SALVADOR QUINTEROS

EL río Guadalquivir
va entre naranjos y olivos.
Los dos ríos de Granada
bajan de la nieve al trigo.

¡Ay, amor
que se fue y no vino!

El río Guadalquivir
tiene las barbas granates.
Los dos ríos de Granada
uno llanto y otro sangre.

¡Ay, amor
que se fue por el aire!

Para los barcos de vela,
Sevilla tiene un camino;
por el agua de Granada
solo reman los suspiros.

¡Ay, amor
que se fue y no vino!

Guadalquivir, alta torre
y viento en los naranjales.
Doauro y Genil, torrecillas
muertas sobre los estanques.

¡Ay, amor
que se fue por el aire!

¡Quién dirá que el agua lleva
un fuego fatuo de gritos!

¡Ay, amor
que se fue y no vino!

Lleva azahar, lleva olivas,
Andalucía, a tus mares.

¡Ay, amor
que se fue por el aire!

LA GUITARRA

EMPIEZA el llanto
de la guitarra.
Se rompen las copas
de la madrugada.
Empieza el llanto
de la guitarra.
Es inútil
callarla.

Es imposible
callarla.
Llora monótona
como llora el agua,
como llora el viento
sobre la nevada.
Es imposible
callarla.
Llora por cosas
lejanas.
Arena del Sur caliente
que pide camelias blancas.
Llora flecha sin blanco,
la tarde sin mañana,
y el primer pájaro muerto
sobre la rama.
¡Oh guitarra!
Corazón malherido
por cinco espadas.

ENCRUCIJADA

VIENTO del Este;
un farol
y el puñal
en el corazón.
La calle
tiene un temblor
de cuerda
en tensión,

un temblor
de enorme moscardón.
Por todas partes
yo
veo el puñal
en el corazón.

SORPRESA

MUERTO se quedó en la calle
con un puñal en el pecho.
No lo conocía nadie.
¡Cómo temblaba el farol!
Madre.
¡Cómo temblaba el farolito
de la calle!
Era madrugada. Nadie
pudo asomarse a sus ojos
abiertos al duro aire.
Que muerto se quedó en la calle
que con un puñal en el pecho
y que no lo conocía nadie.

ARQUEROS

LOS arqueros oscuros
a Sevilla se acercan.

Guadalquivir abierto.

Anchos sombreros grises,
largas capas lentas.

¡Ay, Guadalquivir!

Vienen de los remotos
países de la pena.

Guadalquivir abierto.
Y van a un laberinto.
Amor, cristal y piedra.

¡Ay, Guadalquivir!

SEVILLA

SEVILLA es una torre
llena de arqueros finos.

Sevilla para herir.
Córdoba para morir.

Una ciudad que acecha
largos ritmos,
y los enrosca
como laberintos.
Como tallos de parra
encendidos.

¡Sevilla para herir!

87

Bajo el arco del cielo,
sobre su llano limpio,
dispara la constante
saeta de su río.

¡Córdoba para morir!

Y loca de horizonte
mezcla en su vino,
lo amargo de Don Juan
y lo perfecto de Dionisio.

Sevilla para herir.
¡Siempre Sevilla para herir!

CAMINO

CIEN jinetes enlutados,
¿dónde irán,
por el cielo yacente
del naranjal?
Ni a Córdoba ni a Sevilla
llegarán.
Ni a Granada la que suspira
por el mar.
Esos caballos soñolientos
los llevarán,
al laberinto de las cruces
donde tiembla el cantar.
Con siete ayes clavados,
¿dónde irán,

los cien jinetes andaluces
del naranjal?

MUERTE DE LA PETENERA

En la casa blanca muere
la perdición de los hombres.

Cien jacas caracolean.
Sus jinetes están muertos.

Bajo las estremecidas
estrellas de los velones,
su falda de moaré tiembla
entre sus muslos de cobre.

Cien jacas caracolean.
Sus jinetes están muertos.

Largas sombras afiladas
vienen del turbio horizonte,
y el bordón de una guitarra
se rompe.

Cien jacas caracolean.
Sus jinetes están muertos.

MEMENTO

CUANDO yo me muera,
enterradme con mi guitarra
bajo la arena.

Cuando yo me muera,
entre los naranjos
y la hierbabuena.

Cuando yo me muera,
enterradme, si queréis,
en una veleta.

¡Cuando yo me muera!

MALAGUEÑA

LA muerte
entra y sale
de la taberna.

Pasan caballos negros
y gente siniestra
por los hondos caminos
de la guitarra.

Y hay un olor a sal
y a sangre de hembra,
en los nardos febriles
de la marina.

La muerte
entra y sale,
y sale y entra
la muerte
de la taberna.

CRÓTALO

CRÓTALO.
Crótalo.
Crótalo.
Escarabajo sonoro.

En la araña
de la mano
rizas el aire
cálido,
y te ahogas en tu trino
de palo.

Crótalo.
Crótalo.
Crótalo.
Escarabajo sonoro.

ESCENA DEL TENIENTE CORONEL DE LA GUARDIA CIVIL

Cuarto de banderas

TENIENTE CORONEL

Yo soy el teniente coronel de la Guardia Civil.

SARGENTO

Sí.

TENIENTE CORONEL

Y no hay quien me desmienta.

SARGENTO

No.

TENIENTE CORONEL

Tengo tres estrellas y veinte cruces.

SARGENTO

Sí.

TENIENTE CORONEL

Me ha saludado el cardenal arzobispo de Toledo con sus veinticuatro borlas moradas.

SARGENTO

Sí.

TENIENTE CORONEL

Yo soy el teniente. Yo soy el teniente. Yo soy el teniente coronel de la Guardia Civil.

(Romeo y Julieta, celeste, blanco y oro, se abrazan sobre el jardín de tabaco de la caja de puros. El militar acaricia el cañón de su fusil lleno de sombra submarina.)

UNA VOZ *fuera.*)

Luna, luna, luna, luna,
del tiempo de la aceituna.
Cazorla enseña su torre
y Benamejí la oculta.

Luna, luna, luna, luna.
Un gallo canta en la luna.
Señor alcalde, sus niñas
están mirando a la luna.

TENIENTE CORONEL

¿Qué pasa?

SARGENTO

¡Un gitano!

*(La mirada de mulo joven del gitanillo ensombrece y agiganta
los ojirris del* TENIENTE CORONEL *de la Guardia Civil.)*

TENIENTE CORONEL

Yo soy el teniente coronel de la Guardia Civil.

SARGENTO

Sí.

TENIENTE CORONEL

¿Tú quien eres?

GITANO

Un gitano.

TENIENTE CORONEL

¿Y qué es un gitano?

GITANO

Cualquier cosa.

TENIENTE CORONEL

¿Cómo te llamas?

GITANO

Eso.

TENIENTE CORONEL

¿Qué dices?

GITANO

Gitano.

SARGENTO

Me lo encontré y lo he traído.

TENIENTE CORONEL

¿Dónde estabas?

GITANO

En la puente de los ríos.

TENIENTE CORONEL

Pero ¿de qué ríos?

GITANO

De todos los ríos.

TENIENTE CORONEL

¿Y qué hacías allí?

GITANO

Una torre de canela.

TENIENTE CORONEL

¡Sargento!

SARGENTO

A la orden, mi teniente coronel de la Guardia Civil.

GITANO

He inventado unas alas para volar, y vuelo. Azufre y rosa en mis labios.

TENIENTE CORONEL

¡Ay!

GITANO

Aunque no necesito alas, porque vuelo sin ellas. Nubes y anillos en mi sangre.

TENIENTE CORONEL

¡Ayy!

GITANO

En Enero tengo azahar.

TENIENTE CORONEL

(Retorciéndose.) Ayyyyy!

GITANO

Y naranjas en la nieve.

TENIENTE CORONEL

¡Ayyyyy, pun pin, pam. *(Cae muerto.)*

(El alma de tabaco y café con leche del teniente coronel de la Guardia Civil sale por la ventana.)

SARGENTO

¡Socorro!

(En el patio del cuartel, cuatro guardias civiles apalean al gitanillo.)

CANCIÓN DEL GITANO APALEADO

VEINTICUATRO bofetadas.
Veinticinco bofetadas;
después, mi madre, a la noche,
me pondrá en papel de plata.

Guardia Civil caminera,
dadme unos sorbitos de agua.
Agua con peces y barcos.
Agua, agua, agua, agua.

¡Ay, mandor de los civiles
que estás arriba en tu sala!
¡No habrá pañuelos de seda
para limpiarme la cara!

DIÁLOGO DEL AMARGO

Campo

UNA VOZ

Amargo.
Las adelfas de mi patio.
Corazón de almendra amarga.
Amargo.

(Llegan tres jóvenes con anchos sombreros.)

JOVEN 1.º

Vamos a llegar tarde.

JOVEN 2.º

La noche se nos echa encima.

JOVEN 1.º

¿Y ese?

JOVEN 2.º

Viene detrás.

JOVEN 1.º

(En alta voz.) ¡Amargo!

AMARGO

(Lejos.) Ya voy.

JOVEN 2.º

(A voces.) ¡Amargo!

AMARGO

(Con calma.) ¡Ya voy!

(Pausa.)

JOVEN 1.º

¡Qué hermosos olivares!

JOVEN 2.º

Sí.

(Largo silencio.)

JOVEN 1.º

No me gusta andar de noche.

JOVEN 2.º

Ni a mí tampoco.

JOVEN 1.º

La noche se hizo para dormir.

JOVEN 2.º

Es verdad.

(Ranas y grillos hacen la glorieta del estío andaluz. El
AMARGO *camina con las manos en la cintura.)*

AMARGO

Ay yayayay.
Yo le pregunté a la Muerte.
Ay yayayay.

(El grito de su canto pone un acento circunflejo sobre el
corazón de los que lo han oído.)

JOVEN 1.º

(Desde muy lejos.) ¡Amargo!

JOVEN 2.º

(Casi perdido.) ¡Amargooo!

(Silencio.)

(El AMARGO *está solo en medio de la carretera. Entorna sus*
grandes ojos verdes y se ciñe la chaqueta de pana alrededor
del talle. Altas montañas lo rodean. Su gran reloj de plata le
suena oscuramente en el bolsillo a cada paso.)

(Un JINETE *viene galopando par la carretera.)*

JINETE

(Parando el caballo.) ¡Buenas noches!

AMARGO

A la paz de Dios.

JINETE

¿Va usted a Granada?

AMARGO

A Granada voy.

JINETE

Pues vamos juntos.

AMARGO

Eso parece.

JINETE

¿Por qué no monta en la grupa?

AMARGO

Porque no me duelen los pies.

JINETE

Yo vengo de Málaga.

AMARGO

Bueno.

JINETE

Allí están mis hermanos.

AMARGO

(Displicente.) ¿Cuántos?

JINETE

Son tres. Venden cuchillos. Ese es el negocio.

AMARGO

De salud les sirva.

JINETE

De plata y de oro.

AMARGO

Un cuchillo no tiene que ser más que cuchillo.

JINETE

Se equivoca.

AMARGO

Gracias.

JINETE

Los cuchillos de oro se van solos al corazón. Los de plata cortan el cuello como una brizna de hierba.

AMARGO

¿No sirven para partir el pan?

JINETE

Los hombres parten el pan con las manos.

AMARGO

¡Es verdad!

(El caballo se inquieta.)

JINETE

¡Caballo!

AMARGO

Es la noche.

(El camino ondulante salomoniza la sombra del animal.)

JINETE

¿Quieres un cuchillo?

AMARGO

No.

JINETE

Mira que te lo regalo.

AMARGO

Pero yo no lo acepto.

JINETE

No tendrás otra ocasión.

AMARGO

¿Quién sabe?

JINETE

Los otros cuchillos no sirven. Los otros cuchillos son blandos y se asustan de la sangre. Los que nosotros vendemos son fríos. ¿Entiendes? Entran buscando el sitio de más calor y allí se paran.

(El AMARGO *calla. Su mano derecha se le enfría como si agarrase un pedazo de oro.)*

JINETE

¡Qué hermoso cuchillo!

AMARGO

¿Vale mucho?

JINETE

Pero ¿no quieres este?

(Saca un cuchillo de oro. La punta brilla como una llama de candil.)

AMARGO

He dicho que no.

JINETE

¡Muchacho, súbete conmigo!

AMARGO

Todavía no estoy cansado.

(El caballo se vuelve a espantar.)

JINETE

(Tirando de las bridas.) Pero ¡qué caballo este!

AMARGO

Es lo oscuro.

(Pausa.)

JINETE

Como te iba diciendo, en Málaga están mis tres hermanos. ¡Que manera de vender cuchillos! En la catedral compraron dos mil para adornar todos los altares y poner una corona a la torre. Muchos barcos escribieron en ellos sus nombres, los pescadores más humildes de la orilla del mar se alumbran de noche con el brillo que despiden sus hojas afiladas.

AMARGO

¡Es una hermosura!

JINETE

¿Quién lo puede negar?

(La noche se espesa como un vino de cien años. La serpiente gorda del Sur abre sus ojos en la madrugada, y hay en los durmientes un deseo infinito de arrojarse por el balcón a la magia perversa del perfume y la lejanía.)

AMARGO

Me parece que hemos perdido el camino.

JINETE

(Parando el caballo.) ¿Sí?

AMARGO

Con la conversación.

JINETE

¿No son aquellas las luces de Granada?

AMARGO

No sé. El mundo es muy grande.

JINETE

Y muy solo.

AMARGO

Como que está deshabitado.

JINETE

Tú lo estás diciendo.

AMARGO

¡Me da una desesperanza! ¡Ay yayayay!

JINETE

Porque si llegas allí, ¿que haces?

AMARGO

¿Qué hago?

JINETE

Y si te estás en tu sitio, ¿para qué quieres estar?

AMARGO

¿Para qué?

JINETE

Yo monto este caballo y vendo cuchillos, pero si no lo hiciera, ¿qué pasaría?

AMARGO

¿Qué pasaría?

(Pausa.)

JINETE

Estamos llegando a Granada.

AMARGO

¿Es posible?

JINETE

Mira cómo relumbran los miradores.

AMARGO

La encuentro un poco cambiada.

JINETE

Es que estás cansado.

AMARGO

Sí, ciertamente.

JINETE

Ahora no te negarás a montar conmigo.

AMARGO

Espera un poco.

JINETE

¡Vamos, sube! Sube deprisa. Es necesario llegar antes de que amanezca... Y toma este cuchillo. ¡Te lo regalo!

AMARGO

¡Ay, yayayay!

(El JINETE *ayuda al* AMARGO. *Los dos emprenden el camino de Granada. La sierra del fondo se cubre de cicutas y de ortigas.)*

CANCIÓN DE LA MADRE DEL AMARGO

Lo llevan puesto en mi sábana
mis adelfas y mi palma.

Día veintisiete de agosto
con un cuchillo de oro.

La cruz. ¡Y vamos andando!
Era moreno y amargo.
Vecinas, dadme una jarra
de azófar con limonada.

La cruz. No llorad ninguna.
El Amargo está en la luna.

CANCIONES

NOCTURNOS DE LA VENTANA

4

AL estanque se le ha muerto
hoy una niña de agua.
Está fuera del estanque,
sobre el suelo amortajada.

De la cabeza a sus muslos
un pez la cruza, llamándola.
El viento le dice «niña»
mas no puede despertarla.

El estanque tiene suelta
su cabellera de algas
y al aire sus grises tetas
estremecidas de ranas.

«Dios te salve» rezaremos
a Nuestra Señora de Agua
por la niña del estanque
muerta bajo las manzanas.

Yo luego pondré a su lado
dos pequeñas calabazas
para que se tenga a flote,
¡ay! sobre la mar salada.

[EL LAGARTO ESTÁ LLORANDO]

A MADEMOISELLE TERESITA GUILLÉN
TOCANDO SU PIANO DE SEIS NOTAS

EL lagarto está llorando
La lagarta está llorando.

El lagarto y la lagarta
con delantaritos blancos.

Han perdido sin querer
su anillo de desposados.

¡Ay, su anillito de plomo,
ay, su anillito plomado!

Un cielo grande y sin gente
monta en su globo a los pájaros.

El sol, capitán redondo,
lleva un chaleco de raso.
¡Miradlos qué viejos son!
¡Qué viejos son los lagartos!

¡Ay! cómo lloran y lloran,
¡ay! ¡ay! cómo están llorando!

CANCIÓN DE JINETE

1860

En la luna negra
de los bandoleros,
cantan las espuelas.

Caballito negro.
¿Dónde llevas tu jinete muerto?

… Las duras espuelas
del bandido inmóvil
que perdió las riendas.

Caballito frío.
¡Qué perfume de flor de cuchillo!

En la luna negra,
sangraba el costado
de Sierra Morena.

Caballito negro.
¿Dónde llevas tu jinete muerto?

La noche espolea
sus negros ijares
clavándose estrellas.

Caballito frío.
¡Qué perfume de flor de cuchillo!

En la luna negra,
¡un grito! y el cuerno
largo de la hoguera.

Caballito negro.
¿Dónde llevas tu jinete muerto?

CANCIÓN DE JINETE

CÓRDOBA.
Lejana y sola.

Jaca negra, luna grande,
y aceitunas en mi alforja.
Aunque sepa los caminos
yo nunca llegaré a Córdoba.

Por el llano, por el viento,
jaca negra, luna roja.
La muerte me está mirando
desde las torres de Córdoba.

¡Ay que camino tan largo!
¡Ay mi jaca valerosa!
¡Ay que la muerte me espera,
antes de llegar a Córdoba!

Córdoba.
Lejana y sola.

ES VERDAD

¡Ay qué trabajo me cuesta
quererte como te quiero!

Por tu amor me duele el aire,
el corazón
y el sombrero.

¿Quién me compraría a mí,
este cintillo que tengo
y esta tristeza de hilo
blanco, para hacer pañuelos?

¡Ay qué trabajo me cuesta
quererte como te quiero!

[ARBOLÉ ARBOLÉ]

ARBOLÉ, arbolé
seco y verdé.

La niña del bello rostro
está cogiendo aceituna.
El viento, galán de torres,
la prende por la cintura.

Pasaron cuatro jinetes,
sobre jacas andaluzas
con trajes de azul y verde,
con largas capas oscuras.

«Vente a Córdoba, muchacha.»
La niña no los escucha.

Pasaron tres torerillos
delgaditos de cintura,
con trajes color naranja
y espadas de plata antigua.

«Vente a Sevilla, muchacha.»
La niña no los escucha.

Cuando la tarde se puso
morada, con luz difusa,
pasó un joven que llevaba
rosas y mirtos de luna.

«Vente a Granada, muchacha.»
Y la niña no lo escucha.

La niña del bello rostro
sigue cogiendo aceituna,
con el brazo gris del viento
ceñido por la cintura.

Arbolé, arbolé
seco y verdé.

TRES RETRATOS CON SOMBRA

Verlaine

La canción,
que nunca diré,
se ha dormido en mis labios.
La canción,
que nunca diré.

Sobre las madreselvas
había una luciérnaga,
y la luna picaba
con un rayo en el agua.

Entonces yo soñé
la canción,
que nunca diré.

Canción llena de labios
y de cauces lejanos.

Canción llena de horas
perdidas en la sombra.

Canción de estrella viva
sobre un perpetuo día.

BACO

VERDE rumor intacto.
La higuera me tiende sus brazos.

Como una pantera, su sombra,
acecha mi lírica sombra.

La luna cuenta los perros.
Se equivoca y empieza de nuevo.

Ayer, mañana, negro y verde,
rondas mi cerco de laureles.

¿Quién te querría como yo,
si me cambiaras el corazón?

... Y la higuera me grita y avanza
terrible y multiplicada.

JUAN RAMÓN JIMÉNEZ

EN el blanco infinito,
nieve, nardo y salina,
perdió su fantasía.

El color blanco, anda,
sobre una muda alfombra
de plumas de paloma.

Sin ojos ni ademán,
inmóvil sufre un sueño.
Pero tiembla por dentro.

En el blanco infinito,
¡qué pura y larga herida
dejó su fantasía!

En el blanco infinito.
Nieve. Nardo. Salina.

VENUS

Así te vi

LA joven muerta
en la concha de la cama,
desnuda de flor y brisa
surgía en la luz perenne.

Quedaba el mundo,
lirio de algodón y sombra,
asomado a los cristales
viendo el tránsito infinito.

La joven muerta,
surcaba el amor por dentro.
Entre la espuma de las sábanas
se perdía su cabellera.

DEBUSSY

MI sombra va silenciosa
por el agua de la acequia.

Por mi sombra están las ranas
privadas de las estrellas.

La sombra manda a mi cuerpo
reflejos de cosas quietas.

Mi sombra va como inmenso
cínife color violeta.

Cien grillos quieren dorar
la luz de la cañavera.

Una luz nace en mi pecho,
reflejado, de la acequia.

NARCISO

NIÑO.
¡Qué te vas a caer al río!

En lo hondo hay una rosa
y en la rosa hay otro río.

¡Mira aquél pájaro! ¡Mira
aquel pájaro amarillo!

Se me han caído los ojos
dentro del agua.

¡Dios mío!
¡Que se resbala! ¡Muchacho!

... y en la rosa estoy yo mismo.

Cuando se perdió en el agua,
comprendí. Pero no explico.

CANCIÓN DEL MARIQUITA

EL mariquita se peina
en su peinador de seda.

Los vecinos se sonríen
en sus ventanas postreras.

El mariquita organiza
los bucles de su cabeza.

Por los patios gritan loros,
surtidores y planetas.

El mariquita se adorna
con un jazmín sinvergüenza.

La tarde se pone extraña
de peines y enredaderas.

El escándalo temblaba
rayado como una cebra.

¡Los mariquitas del Sur,
cantan en las azoteas!

EROS CON BASTÓN

(1925)

A PEPÍN BELLO

SUSTO EN EL COMEDOR

ERAS rosa.
Te pusiste alimonada.

¿Qué intención viste en mi mano
que casi te amenazaba?

Quise las manzanas verdes.
No las manzanas rosadas...

alimonada...

(Grulla dormida la tarde,
puso en tierra la otra pata.)

LUCÍA MARTÍNEZ

LUCÍA Martínez.
Umbría de seda roja.

Tus muslos como la tarde
van de la luz a la sombra.
Los azabaches recónditos
oscurecen las magnolias.

121

Aquí estoy, Lucía Martínez.
Vengo a consumir tu boca
y arrastrarte del cabello
en madrugada de conchas.

Porque quiero, y porque puedo.
Umbría de seda roja.

LA SOLTERA EN MISA

Bajo el Moisés del incienso,
adormecida.

Ojos de toro te miraban.
Tu rosario llovía.

Con ese traje de profunda seda,
no te muevas, Virginia.

Da los negros melones de tus pechos
al rumor de la misa.

INTERIOR

Ni quiero ser poeta,
ni galante.
¡Sábanas blancas donde te desmayes!

No conoces el sueño
ni el resplandor del día.
Como los calamares,
ciegas desnuda en tinta de perfume.
Carmen.

«NU»

BAJO la adelfa sin luna
estabas fea desnuda.

Tu carne buscó en mi mapa
el amarillo de España.

Qué fea estabas, francesa,
en lo amargo de la adelfa.

Roja y verde, eché a tu cuerpo
la capa de mi talento.

Verde y roja, roja y verde
¡Aquí somos otra gente!

SERENATA

(HOMENAJE A LOPE DE VEGA)

POR las orillas del río
se está la noche mojando
y en los pechos de Lolita
se mueren de amor los ramos.

Se mueren de amor los ramos.

La noche canta desnuda
sobre los puentes de Marzo.
Lolita lava su cuerpo
con agua salobre y nardos.

Se mueren de amor los ramos.

La noche de anís y plata
relumbra por los tejados.
Plata de arroyos y espejos.
Anís de tus muslos blancos.

Se mueren de amor los ramos.

EN MÁLAGA

SUNTUOSA Leonarda.
Carne pontificial y traje blanco,
en las barandas de «Villa Leonarda».
Expuesta a los tranvías y a los barcos.
Negros torsos bañistas oscurecen
la ribera del mar. Oscilando
—concha y loto a la vez—
viene tu culo
de Ceres en retórica de mármol.

DESPEDIDA

Si muero,
dejad el balcón abierto.

El niño come naranjas.
(Desde mi balcón lo veo.)

El segador siega el trigo.
(Desde mi balcón lo siento.)

¡Si muero,
dejad el balcón abierto!

CANCIÓN DEL NARANJO SECO

A Carmen Morales

Leñador.
Córtame la sombra.
Líbrame del suplicio
de verme sin toronjas.

¿Por qué nací entre espejos?
El día me da vueltas.
Y la noche me copia
en todas sus estrellas.

Quiero vivir sin verme.
Y hormigas y vilanos,
soñaré que son mis
hojas y mis pájaros.

Leñador.
Córtame la sombra.
Líbrame del suplicio
de verme sin toronjas.

PRIMER ROMANCERO GITANO

ROMANCE DE LA LUNA, LUNA

A CONCHITA GARCÍA LORCA

LA luna vino a la fragua
con su polisón de nardos.
El niño la mira, mira.
El niño la está mirando.
En el aire conmovido
mueve la luna sus brazos
y enseña, lúbrica y pura,
sus senos de duro estaño.
Huye luna, luna, luna.
Si vinieran los gitanos,
harían con tu corazón
collares y anillos blancos.
Niño, déjame que baile.
Cuando vengan los gitanos,
te encontrarán sobre el yunque
con los ojillos cerrados.
Huye luna, luna, luna.
que ya siento sus caballos.
Niño, déjame, no pises
mi blancor almidonado.

El jinete se acercaba
tocando el tambor del llano.
Dentro de la fragua el niño,
tiene los ojos cerrados.

Por el olivar venían,
bronce y sueño, los gitanos.
Las cabezas levantadas
y los ojos entornados.

Cómo canta la zumaya,
¡ay cómo canta en el árbol!
Por el cielo va la luna
con un niño de la mano.

Dentro de la fragua lloran,
dando gritos, los gitanos.
El aire la vela, vela,
El aire la está velando.

REYERTA

A RAFAEL MÉNDEZ

EN la mitad del barranco
las navajas de Albacete,
bellas de sangre contraria,
relucen como los peces.
Una dura luz de naipe
recorta en el agrio verde
caballos enfurecidos
y perfiles de jinetes.
En la copa de un olivo
lloran dos viejas mujeres.
El toro de la reyerta
se sube por las paredes.

Ángeles negros traían
pañuelos y agua de nieve.
Ángeles con grandes alas
de navajas de Albacete.
Juan Antonio el de Montilla
rueda muerto la pendiente,
su cuerpo lleno de lirios
y una granada en las sienes.
Ahora monta cruz de fuego
carretera de la muerte.

*

El juez, con guardia civil,
por los olivares viene.
Sangre resbalada gime
muda canción de serpiente.
Señores guardias civiles:
aquí pasó lo de siempre.
Han muerto cuatro romanos
y cinco cartagineses.

*

La tarde loca de higueras
y de rumores calientes,
cae desmayada en los muslos
heridos de los jinetes.
Y ángeles negros volaban
por el aire de poniente.
Ángeles de largas trenzas
y corazones de aceite.

ROMANCE SONÁMBULO

A Gloria Giner y
A Fernando de los Ríos

Verde que te quiero verde.
Verde viento. Verdes ramas.
El barco sobre la mar
y el caballo en la montaña.
Con la sombra en la cintura
ella sueña en su baranda,
verde carne, pelo verde,
con ojos de fría plata.
Verde que te quiero verde.
Bajo la luna gitana,
las cosas la están mirando
y ella no puede mirarlas.

*

Verde que te quiero verde.
Grandes estrellas de escarcha,
vienen con el pez de sombra
que abre el camino del alba.
La higuera frota su viento
con la lija de sus ramas,
y el monte, gato garduño,
eriza sus pitas agrias.
¿Pero quién vendrá? ¿Y por dónde...?
Ella sigue en su baranda,
verde carne, pelo verde,
soñando en la mar amarga.

*

Compadre, quiero cambiar
mi caballo por su casa,
mi montura por su espejo,
mi cuchillo por su manta.
Compadre, vengo sangrando
desde los puertos de Cabra.
Si yo pudiera, mocito,
este trato se cerraba.
Pero yo ya no soy yo,
ni mi casa es ya mi casa.
Compadre, quiero morir
decentemente en mi cama.
De acero, si puede ser,
con las sábanas de holanda.
¿No veis la herida que tengo
desde el pecho a la garganta?
Trescientas rosas morenas
lleva tu pechera blanca.
Tu sangre rezuma y huele
alrededor de tu faja.
Pero yo ya no soy yo,
ni mi casa es ya mi casa.
Dejadme subir al menos
hasta las altas barandas,
¡dejadme subir!, dejadme
hasta las verdes barandas.
Barandales de la luna
por donde retumba el agua.

*

Ya suben los dos compadres
hacia las altas barandas.

131

Dejando un rastro de sangre.
Dejando un rastro de lágrimas.
Temblaban en los tejados
farolillos de hojalata.
Mil panderos de cristal,
herían la madrugada.

*

Verde que te quiero verde,
verde viento, verdes ramas.
Los dos compadres subieron.
El largo viento, dejaba
en la boca un raro gusto
de hiel, de menta y de albahaca.
¡Compadre! ¿Dónde está, dime?
¿Dónde está tu niña amarga?
¡Cuántas veces te esperó!
¡Cuántas veces te esperara,
cara fresca, negro pelo,
en esta verde baranda!

*

Sobre el rostro del aljibe
se mecía la gitana.
Verde carne, pelo verde,
con ojos de fría plata.
Un carámbano de luna,
la sostiene sobre el agua.
La noche se puso íntima
como una pequeña plaza.
Guardias civiles borrachos,
en la puerta golpeaban.

Verde que te quiero verde.
Verde viento. Verdes ramas.
El barco sobre la mar.
Y el caballo en la montaña.

LA CASADA INFIEL

A LYDIA CABRERA
Y A SU NEGRITA

Y que yo me la llevé al río
creyendo que era mozuela,
pero tenía marido.

Fue la noche de Santiago
y casi por compromiso.
Se apagaron los faroles
y se encendieron los grillos.
En las últimas esquinas
toqué sus pechos dormidos,
y se me abrieron de pronto
como ramos de jacintos.
El almidón de su enagua
me sonaba en el oído,
como una pieza de seda
rasgada por diez cuchillos.
Sin luz de plata en sus copas
los árboles han crecido,
y un horizonte de perros
ladra muy lejos del río.

*

133

Pasadas las zarzamoras,
los juncos y los espinos,
bajo su mata de pelo
hice un hoyo sobre el limo.
Yo me quité la corbata.
Ella se quitó el vestido.
Yo el cinturón con revólver.
Ella sus cuatro corpiños.
Ni nardos ni caracolas
tienen el cutis tan fino,
ni los cristales con luna
relumbran con ese brillo.
Sus muslos se me escapaban
como peces sorprendidos,
la mitad llenos de lumbre,
la mitad llenos de frío.
Aquella noche corrí
el mejor de los caminos,
montado en potra de nácar
sin bridas y sin estribos.
No quiero decir, por hombre,
las cosas que ella me dijo.
La luz del entendimiento
me hace ser muy comedido.
Sucia de besos y arena
yo me la llevé del río.
Con el aire se batían
las espadas de los lirios.

Me porté como quien soy.
Como un gitano legítimo.
Le regalé un costurero
grande de raso pajizo,

y no quise enamorarme
porque teniendo marido
me dijo que era mozuela
cuando la llevaba al río.

ROMANCE DE LA PENA NEGRA

A José Navarro Pardo

Las piquetas de los gallos
cavan buscando la aurora,
cuando por el monte oscuro
baja Soledad Montoya.
Cobre amarillo, su carne,
huele a caballo y a sombra.
Yunques ahumados sus pechos,
gimen canciones redondas.
Soledad: ¿por quién preguntas
sin compaña y a estas horas?
Pregunte por quien pregunte,
dime: ¿a ti que se te importa?
Vengo a buscar lo que busco,
mi alegría y mi persona.
Soledad de mis pesares,
caballo que se desboca,
al fin encuentra la mar
y se lo tragan las olas.
No me recuerdes el mar
que la pena negra, brota
en las tierras de aceituna
bajo el rumor de las hojas.

¡Soledad, qué pena tienes!
¡Qué pena tan lastimosa!
Lloras zumo de limón
agrio de espera y de boca.
¡Qué pena tan grande! Corro
mi casa como una loca,
mis dos trenzas por el suelo
de la cocina a la alcoba.
¡Qué pena! Me estoy poniendo
de azabache, carne y ropa.
¡Ay mis camisas de hilo!
¡Ay mis muslos de amapola!
Soledad: lava tu cuerpo
con agua de las alondras,
y deja tu corazón
en paz, Soledad Montoya.

*

Por abajo canta el río:
volante de cielo y hojas.
Con flores de calabaza,
la nueva luz se corona.
¡Oh pena de los gitanos!
Pena limpia y siempre sola.
¡Oh pena de cauce oculto
y madrugada remota!

PRENDIMIENTO DE ANTOÑITO EL CAMBORIO EN EL CAMINO DE SEVILLA

A Margarita Xirgu

Antonio Torres Heredia,
hijo y nieto de Camborios,
con una vara de mimbre
va a Sevilla a ver los toros.
Moreno de verde luna
anda despacio y garboso.
Sus empavonados bucles
le brillan entre los ojos.
A la mitad del camino
cortó limones redondos,
y los fue tirando al agua
hasta que la puso de oro.
Y a la mitad del camino,
bajo las ramas de un olmo,
Guardia Civil caminera
lo llevó codo con codo.

*

El día se va despacio,
la tarde colgada a un hombro,
dando una larga torera
sobre el mar y los arroyos.
Las aceitunas aguardan
la noche de Capricornio,
y una corta brisa, ecuestre,
salta los montes de plomo.

Antonio Torres Heredia,
hijo y nieto de Camborios,
viene sin vara de mimbre
entre los cinco tricornios.

Antonio, ¿quién eres tú?
Si te llamaras Camborio,
hubieras hecho una fuente
de sangre con cinco chorros.
Ni tú eres hijo de nadie,
ni legítimo Camborio.
¡Se acabaron los gitanos
que iban por el monte solos!
Están los viejos cuchillos
tiritando bajo el polvo.

*

A las nueve de la noche
lo llevan al calabozo,
mientras los guardias civiles
beben limonada todos.
Y a las nueve de la noche
le cierran el calabozo,
mientras el cielo reluce
como la grupa de un potro.

MUERTE DE ANTOÑITO
EL CAMBORIO

A José Antonio Rubio Sacristán

Voces de muerte sonaron
cerca del Guadalquivir.
Voces antiguas que cercan
voz de clavel varonil.
Les clavó sobre las botas
mordiscos de jabalí.
En la lucha daba saltos
jabonados de delfín.
Bañó con sangre enemiga
su corbata carmesí,
pero eran cuatro puñales
y tuvo que sucumbir.
Cuando las estrellas clavan
rejones al agua gris,
cuando los erales sueñan
verónicas de alhelí,
voces de muerte sonaron
cerca del Guadalquivir.

*

Antonio Torres Heredia,
Camborio de dura crin,
moreno de verde luna,
voz de clavel varonil:
¿Quién te ha quitado la vida
cerca del Guadalquivir?

Mis cuatro primos Heredias
hijos de Benamejí.
Lo que en otros no envidiaban,
ya lo envidiaban en mí.
Zapatos color corinto,
medallones de marfil,
y este cutis amasado
con aceituna y jazmín
¡Ay Antoñito el Camborio,
digno de una Emperatriz!
Acuérdate de la Virgen
porque te vas a morir.
¡Ay Federico García,
llama a la Guardia Civil!
Ya mi talle se ha quebrado
como caña de maíz.

Tres golpes de sangre tuvo
y se murió de perfil.
Viva moneda que nunca
se volverá a repetir.
Un ángel marchoso pone
su cabeza en un cojín.
Otros de rubor cansado,
encendieron un candil.
Y cuando los cuatro primos
llegan a Benamejí,
voces de muerte cesaron
cerca del Guadalquivir.

ROMANCE DEL EMPLAZADO

Para EMILIO ALADRÉN

¡MI soledad sin descanso!
Ojos chicos de mi cuerpo
y grandes de mi caballo,
no se cierran por la noche
ni miran al otro lado
donde se aleja tranquilo
un sueño de trece barcos.
Sino que limpios y duros
escuderos desvelados,
mis ojos miran un norte
de metales y peñascos
donde mi cuerpo sin venas
consulta naipes helados.

*

Los densos bueyes del agua
embisten a los muchachos
que se bañan en las lunas
de sus cuernos ondulados.
Y los martillos cantaban
sobre los yunques sonámbulos,
el insomnio del jinete
y el insomnio del caballo.

*

El veinticinco de junio
le dijeron a el Amargo:

Ya puedes cortar, si gustas,
las adelfas de tu patio.
Pinta una cruz en la puerta
y pon tu nombre debajo,
porque cicutas y ortigas
nacerán en tu costado,
y agujas de cal mojada
te morderán los zapatos.
Será de noche, en lo oscuro,
por los montes imantados,
donde los bueyes del agua
beben los juncos soñando.
Pide luces y campanas.
Aprende a cruzar las manos,
y gusta los aires fríos
de metales y peñascos.
Porque dentro de dos meses
yacerás amortajado.

*

Espadón de nebulosa
mueve en el aire Santiago.
Grave silencio, de espalda,
manaba el cielo combado.

*

El veinticinco de junio
abrió sus ojos Amargo,
y el veinticinco de agosto
se tendió para cerrarlos.

Hombres bajaban la calle
para ver al emplazado,
que fijaba sobre el muro
su soledad con descanso.
Y la sábana impecable,
de duro acento romano,
daba equilibrio a la muerte
con las rectas de sus paños.

ROMANCE DE LA
GUARDIA CIVIL ESPAÑOLA

A Juan Guerrero.
Cónsul general de la Poesía

Los caballos negros son.
Las herraduras son negras.
Sobre las capas relucen
manchas de tinta y de cera.
Tienen, por eso no lloran,
de plomo las calaveras.
Con el alma de charol
vienen por la carretera.
Jorobados y nocturnos,
por donde animan ordenan
silencios de goma oscura
y miedos de fina arena.
Pasan, si quieren pasar,
y ocultan en la cabeza
una vaga astronomía
de pistolas inconcretas.

*

¡Oh ciudad de los gitanos!
En las esquinas banderas.
La luna y la calabaza
con las guindas en conserva.
¡Oh ciudad de los gitanos!
¿Quién te vio y no te recuerda?
Ciudad de dolor y almizcle,
con las torres de canela.

*

Cuando llegaba la noche,
noche que noche nochera,
los gitanos en sus fraguas
forjaban soles y flechas.
Un caballo malherido,
llamaba a todas las puertas.
Gallos de vidrio cantaban
por Jerez de la Frontera.
El viento, vuelve desnudo
la esquina de la sorpresa,
en la noche platinoche
noche, que noche nochera.

*

La Virgen y San José
perdieron sus castañuelas,
y buscan a los gitanos
para ver si las encuentran.
La Virgen viene vestida
con un traje de alcaldesa
de papel de chocolate
con los collares de almendras.
San José mueve los brazos
bajo una capa de seda.

Detrás va Pedro Domecq
con tres sultanes de Persia.
La media luna, soñaba
un éxtasis de cigüeña.
Estandartes y faroles
invaden las azoteas.
Por los espejos sollozan
bailarinas sin caderas.
Agua y sombra, sombra y agua
por Jerez de la Frontera.

*

¡Oh ciudad de los gitanos!
En las esquinas banderas.
Apaga tus verdes luces
que viene la benemérita.
¡Oh ciudad de los gitanos!
¿Quién te vio y no te recuerda?
Dejadla lejos del mar,
sin peines para sus crenchas.

*

Avanzan de dos en fondo
a la ciudad de la fiesta.
Un rumor de siemprevivas
invade las cartucheras.
Avanzan de dos en fondo.
Doble nocturno de tela.
El cielo, se les antoja,
una vitrina de espuelas.

*

La ciudad libre de miedo,
multiplicaba sus puertas.
Cuarenta guardias civiles
entran a saco por ellas.
Los relojes se pararon,
y el coñac de las botellas
se disfrazó de noviembre
para no infundir sospechas.
Un vuelo de gritos largos
se levantó en las veletas.
Los sables cortan las brisas
que los cascos atropellan.
Por las calles de penumbra
huyen las gitanas viejas
con los cabellos dormidos
y las orzas de monedas.
Por las calles empinadas
suben las capas siniestras,
dejando detrás fugaces
remolinos de tijeras.

En el portal de Belén,
los gitanos se congregan.
San José, lleno de heridas,
amortaja a una doncella.
Tercos fusiles agudos
por toda la noche suenan.
La Virgen cura a los niños
con salivilla de estrella.
Pero la Guardia Civil
avanza sembrando hogueras,
donde joven y desnuda
la imaginación se quema.

Rosa la de los Camborios,
gime sentada en su puerta
con sus dos pechos cortados
puestos en una bandeja.

  Y otras muchachas corrían
perseguidas por sus trenzas,
en un aire donde estallan
rosas de pólvora negra.
Cuando todos los tejados
eran surcos en la tierra,
el alba meció sus hombros
en largo perfil de piedra.

*

  ¡Oh ciudad de los gitanos!
La Guardia Civil se aleja
por un túnel de silencio
mientras las llamas te cercan.

  ¡Oh ciudad de los gitanos!
¿Quién te vio y no te recuerda?
Que te busquen en mi frente.
Juego de luna y arena.

THAMAR Y AMNÓN

Para ALFONSO GARCÍA VALDECASAS

LA luna gira en el cielo
sobre las tierras sin agua
mientras el verano siembra
rumores de tigre y llama.
Por encima de los techos
nervios de metal sonaban.
Aire rizado venía
con los balidos de lana.
La tierra se ofrece llena
de heridas cicatrizadas,
o estremecida de agudos
cauterios de luces blancas.

*

Thamar estaba soñando
pájaros en su garganta,
al son de panderos fríos
y cítaras enlunadas.
Su desnudo en el alero,
agudo norte de palma,
pide copos a su vientre
y granizo a sus espaldas.
Thamar estaba cantando
desnuda por la terraza.

Alrededor de sus pies,
cinco palomas heladas.

Amnón, delgado y concreto,
en la torre la miraba,
llenas las ingles de espuma
y oscilaciones la barba.
Su desnudo iluminado
se tendía en la terraza,
con un rumor entre dientes
de flecha recién clavada.
Amnón estaba mirando
la luna redonda y baja,
y vio en la luna los pechos
durísimos de su hermana.

*

Amnón a las tres y media
se tendió sobre la cama.
Toda la alcoba sufría
con sus ojos llenos de alas.
La luz maciza, sepulta
pueblos en la arena parda,
o descubre transitorio
coral de rosas y dalias.
Linfa de pozo oprimida
brota silencio en las jarras.
En el musgo de los troncos
la cobra tendida canta.
Amnón gime por la tela
fresquísima de la cama.
Yedra del escalofrío
cubre su carne quemada.

Thamar entró silenciosa
en la alcoba silenciada,

color de vena y Danubio,
turbia de huellas lejanas.
Thamar, bórrame los ojos
con tu fija madrugada.
Mis hilos de sangre tejen
volantes sobre tu falda.
Déjame tranquila, hermano.
Son tus besos en mi espalda
avispas y vientecillos
en doble enjambre de flautas.
Thamar, en tus pechos altos
hay dos peces que me llaman
y en las yemas de tus dedos
rumor de rosa encerrada.

*

Los cien caballos del rey
en el patio relinchaban.
Sol en cubos resistía
la delgadez de la parra.
Ya la coge del cabello,
ya la camisa le rasga.
Corales tibios dibujan
arroyos en rubio mapa.

*

¡Oh, qué gritos se sentían
por encima de las casas!
Qué espesura de puñales
y túnicas desgarradas.

Por las escaleras tristes
esclavos suben y bajan.
Émbolos y muslos juegan
bajo las nubes paradas.
Alrededor de Thamar
gritan vírgenes gitanas
y otras recogen las gotas
de su flor martirizada.
Paños blancos, enrojecen
en las alcobas cerradas.
Rumores de tibia aurora
pámpanos y peces cambian.

*

Violador enfurecido,
Amnón huye con su jaca.
Negros le dirigen flechas
en los muros y atalayas.
Y cuando los cuatro cascos
eran cuatro resonancias,
David con unas tijeras
cortó las cuerdas del arpa.

POETA EN NUEVA YORK

1910

(INTERMEDIO)

AQUELLOS ojos míos de mil novecientos diez
no vieron enterrar a los muertos
ni la feria de ceniza del que llora por la madrugada
ni el corazón que tiembla arrinconado como un caballito de mar.

Aquellos ojos míos de mil novecientos diez
vieron la blanca pared donde orinaban las niñas,
el hocico del toro, la seta venenosa
y una luna incomprensible que iluminaba por los rincones
los pedazos de limón seco bajo el negro duro de las
 botellas.

Aquellos ojos míos en el cuello de la jaca,
en el seno traspasado de Santa Rosa dormida,
en los tejados del amor, con gemidos y frescas manos,
en un jardín donde los gatos se comían a las ranas.

Desván donde el polvo viejo congrega estatuas y
 musgos.
Cajas que guardan silencio de cangrejos devorados.
En el sitio donde el sueño tropezaba con su realidad.
Allí mis pequeños ojos.

No preguntarme nada. He visto que las cosas
cuando buscan su pulso encuentran su vacío.
Hay un dolor de huecos por el aire sin gente
y en mis ojos criaturas vestidas ¡sin desnudo!

TU INFANCIA EN MENTON

Sí, tu niñez: ya fábula de fuentes.
JORGE GUILLÉN

Sí, tu niñez: ya fábula de fuentes.
El tren y la mujer que llena el cielo.
Tu soledad esquiva en los hoteles
y tu máscara pura de otro signo.
Es la niñez del mar y tu silencio
donde los sabios vidrios se quebraban.
Es tu yerta ignorancia donde estuvo
mi torso limitado por el fuego.
Norma de amor te di, hombre de Apolo,
llanto con ruiseñor enajenado,
pero, pasto de ruinas, te afilabas
para los breves sueños indecisos.
Pensamiento de enfrente, luz de ayer,
índices y señales del acaso.
Tu cintura de arena sin sosiego
atiende solo rastros que no escalan.
Pero yo he de buscar por los rincones
tu alma tibia sin ti que no te entiende,
con el dolor de Apolo detenido
con que he roto la máscara que llevas.

Allí león, allí, furia del cielo,
te dejaré pacer en mis mejillas;
allí, caballo azul de mi locura,
pulso de nebulosa y minutero.
He de buscar las piedras de alacranes
y los vestidos de tu madre niña,
llanto de media noche y paño roto
que quitó luna de la sien del muerto.
Sí, tu niñez: ya fábula de fuentes.
Alma extraña de mi hueco de venas,
te he de buscar pequeña y sin raíces.
¡Amor de siempre, amor, amor de nunca!
¡Oh, sí! Yo quiero. ¡Amor, amor! Dejadme.
No me tapen la boca los que buscan
espigas de Saturno por la nieve
o castran animales por un cielo,
clínica y selva de la anatomía.
Amor, amor, amor. Niñez del mar.
Tu alma tibia sin ti que no te entiende.
Amor, amor, un vuelo de la corza
por el pecho sin fin de la blancura.
Y tu niñez, amor, y tu niñez.
El tren y la mujer que llena el cielo.
Ni tú, ni yo, ni el aire, ni las hojas.
Sí, tu niñez: ya fábula de fuentes.

EL REY DE HARLEM

CON una cuchara de palo
le arrancaba los ojos a los cocodrilos
y golpeaba el trasero de los monos.
Con una cuchara de palo.

Fuego de siempre dormía en los pedernales
y los escarabajos borrachos de anís
olvidaban el musgo de las aldeas.

Aquel viejo cubierto de setas
iba al sitio donde lloraban los negros
mientras crujía la cuchara del rey
y llegaban los tanques de agua podrida.

Las rosas huían por los filos
de las últimas curvas del aire
y en los montones de azafrán
los niños machacaban pequeñas ardillas
con un rubor de frenesí manchado.

Es preciso cruzar los puentes
y llegar al rumor negro
para que el perfume de pulmón
nos golpee las sienes con su vestido
de caliente piña.

Es preciso matar al rubio vendedor de aguardiente,
a todos los amigos de la manzana y la arena;
y es necesario dar con los puños cerrados
a las pequeñas judías que tiemblan llenas de burbujas,
para que el rey de Harlem cante con su muchedumbre,
para que los cocodrilos duerman en largas filas
bajo el amianto de la luna,
y para que nadie dude la infinita belleza
de los plumeros, los ralladores, los cobres y las cacero-
        las de las cocinas.
¡Ay, Harlem! ¡Ay, Harlem! ¡Ay, Harlem!
No hay angustia comparable a tus rojos oprimidos,

a tu sangre estremecida dentro del eclipse obscuro,
a tu violencia granate, sordomuda en la penumbra,
a tu gran rey prisionero en un traje de conserje.

*

Tenía la noche una hendidura y quietas salamandras
    de marfil.
Las muchachas americanas
llevaban niños y monedas en el vientre
y los muchachos se desmayaban en la cruz del desperezo.

Ellos son.
Ellos son los que beben el whisky de plata junto a los
    volcanes
y tragan pedacitos de corazón por las heladas montañas
    del oso.

Aquella noche el rey de Harlem, con una durísima
    cuchara,
le arrancaba los ojos a los cocodrilos
y golpeaba el trasero de los monos.
Con una durísima cuchara.

Los negros lloraban confundidos
entre paraguas y soles de oro;
los mulatos estiraban gomas, ansiosos de llegar al torso
    blanco,
y el viento empañaba espejos
y quebraba las venas de los bailarines.

¡Negros! ¡Negros! ¡Negros! ¡Negros!
La sangre no tiene puertas en vuestra noche boca arriba.

No hay rubor. Sangre furiosa por debajo de las pieles,
viva en la espina del puñal y en el pecho de los paisajes,
bajo las pinzas y las retamas de la celeste luna de Cáncer.

Sangre que busca por mil caminos muertes enharina-
        das y ceniza de nardos
cielos yertos, en declive, donde las colonias de planetas
rueden por las playas, con los objetos abandonados.

Sangre que mira lenta con el rabo del ojo,
Hecha de espartos exprimidos, néctares de subterráneos.
Sangre que oxida el alisio descuidado en una huella
y disuelve a las mariposas en los cristales de la ventana.

Es la sangre que viene, que vendrá
por los tejados y azoteas, por todas partes,
para quemar la clorofila de las mujeres rubias,
para gemir al pie de las camas, ante el insomnio de los
        lavabos,
y estrellarse en una aurora de tabaco y bajo amarillo.

¡Hay que huir!
huir por las esquinas y encerrarse en los últimos pisos,
porque el tuétano del bosque penetrará por las rendijas
para dejar en vuestra carne una leve huella de eclipse
y una falsa tristeza de guante desteñido y rosa química.

*

Es por el silencio sapientísimo
cuando los cocineros y los camareros y los que limpian
        con la lengua
las heridas de los millonarios
buscan al rey por las calles o en los ángulos del salitre.

Un viento sur de madera, oblicuo en el negro
      fango,
escupe a las barcas rotas y se clava puntillas en los
      hombros.
Un viento sur que lleva
colmillos, girasoles, alfabetos,
y una pila de Volta con avispas ahogadas.

El olvido estaba expresado por tres gotas de tinta
      sobre el monóculo.
El amor, por un solo rostro invisible a flor de piedra.
Médulas y corolas componían sobre las nubes
un desierto de tallos, sin una sola rosa.

A la izquierda, a la derecha, por el Sur y por el Norte,
se levanta el muro impasible
para el topo y la aguja del agua.

No busquéis, negros, su grieta
para hallar la máscara infinita.
Buscad el gran sol del centro
hechos una piña zumbadora.
El sol que se desliza por los bosques
seguro de no encontrar una ninfa.
El sol que destruye números y no ha cruzado nunca un
      sueño,
el tatuado sol que baja por el río
y muge seguido de caimanes.

¡Negros! ¡Negros! ¡Negros! ¡Negros!
Jamás sierpe, ni cebra, ni mula,
palidecieron al morir.

El leñador no sabe cuándo expiran
los clamorosos árboles que corta.
Aguardad bajo la sombra vegetal de vuestro rey
a que cicutas y cardos y ortigas turben postreras azo-
       teas.

    Entonces, negros, entonces, entonces,
podréis besar con frenesí las ruedas de las bicicletas,
poner parejas de microscopios en las cuevas de las
       ardillas
y danzar al fin, sin duda, mientras las flores erizadas
asesinan a nuestro Moisés casi en los juncos del cielo.

    ¡Ay, Harlem disfrazada!
¡Ay, Harlem, amenazada por un gentío de trajes sin
       cabeza!
Me llega tu rumor.
Me llega tu rumor atravesando troncos y ascensores,
a través de láminas grises
donde flotan tus automóviles cubiertos de dientes,
a través de los caballos muertos y los crímenes dimi-
       nutos,
a través de tu gran rey desesperado
cuyas barbas llegan al mar.

IGLESIA ABANDONADA

Balada de la gran guerra

Yo tenía un hijo que se llamaba Juan.
Yo tenía un hijo.
Se perdió por los arcos un viernes de todos los muertos.
Lo vi jugar en las últimas escaleras de la misa,
y echaba un cubito de hojalata en el corazón del sacer-
      dote.
He golpeado los ataúdes. ¡Mi hijo! ¡Mi hijo! ¡Mi hijo!
Saqué una pata de gallina por detrás de la luna, y luego,
comprendí que mi niña era un pez
por donde se alejan las carretas.
Yo tenía una niña.
Yo tenía un pez muerto bajo las cenizas de los incensa-
      rios.
Yo tenía un mar. ¿De qué? ¡Dios mío! ¡Un mar!
Subí a tocar las campanas pero las frutas tenían gusanos
y las cerillas apagadas
se comían los trigos de la primavera.
Yo vi la transparente cigüeña de alcohol
mondar las negras cabezas de los soldados agoni-
      zantes
y vi las cabañas de goma
donde giraban las copas llenas de lágrimas.
En las anémonas del ofertorio te encontraré, ¡corazón
      mío!,
cuando el sacerdote levanta la mula y el buey con sus
      fuertes brazos
para espantar los sapos nocturnos que rondan los hela-
      dos paisajes del cáliz.

Yo tenía un hijo que era gigante,
pero los muertos son más fuertes y saben devorar peda-
     zos de cielo.
Si mi niño hubiera sido un oso
yo no temería el sigilo de los caimanes,
ni hubiese visto al mar amarrado a los árboles
para ser fornicado y herido por el tropel de los regi-
     mientos.
¡Si mi niño hubiera sido un oso!
Me envolveré sobre esta lona dura para no sentir el frío
     de los musgos.
Sé muy bien que me darán una manga o la corbata,
pero en el centro de la misa yo romperé el timón y
     entonces
vendrá a la piedra la locura de pingüinos y gaviotas
que harán decir a los que duermen y a los que cantan por
     las esquinas:
él tenía un hijo.
Un hijo. Un hijo. Un hijo
que no era más que suyo porque era su hijo!
Su hijo. Su hijo. Su hijo.

PAISAJE DE LA MULTITUD QUE VOMITA

Anochecer de Coney Island

LA mujer gorda venía delante
arrancando las raíces y mojando el pergamino de los
     tambores.
La mujer gorda,
que vuelve del revés los pulpos agonizantes.

La mujer gorda, enemiga de la luna,
corría por las calles y los pisos deshabitados
y dejaba por los rincones pequeñas calaveras de paloma
y levantaba las furias de los banquetes de los siglos
        últimos
y llamaba al demonio del pan por las colinas del cielo
        barrido
y filtraba un ansia de luz en las circulaciones subterrá-
        neas.
Son los cementerios. Lo sé. Son los cementerios
y el dolor de las cocinas enterradas bajo la arena.
Son los muertos, los faisanes y las manzanas de otra
        hora
los que nos empujan en la garganta.

    Llegaban los rumores de la selva del vómito
con las mujeres vacías, con niños de cera caliente,
con árboles fermentados y camareros incansables
que sirven platos de sal bajo las arpas de la saliva.
Sin remedio, hijo mío, ¡vomita! No hay remedio.
No es el vómito de los húsares sobre los pechos de la
        prostituta
ni el vómito del gato que se tragó una rana por des-
        cuido.
Son los muertos que arañan con sus manos de tierra
las puertas de pedernal donde se pudren nublos y postres.

    La mujer gorda venía delante
con las gentes de los barcos y de las tabernas y de los jar-
        dines.
El vómito agitaba delicadamente sus tambores
entre algunas niñas de sangre
que pedían protección a la luna.

¡Ay de mí! ¡Ay de mí! ¡Ay de mí!
Esta mirada mía fue mía, pero ya no es mía.
Esta mirada que tiembla desnuda por el alcohol
y despide barcos increíbles
por las anémonas de los muelles.
Me defiendo con esta mirada
que mana de las ondas por donde el alba no se atreve.
Yo, poeta sin brazos, perdido
entre la multitud que vomita,
sin caballo efusivo que corte
los espesos musgos de mis sienes.
Pero la mujer gorda seguía delante
y la gente buscaba las farmacias
donde el amargo trópico se fija.
Solo cuando izaron la bandera y llegaron los primeros
        canes
la ciudad entera se agolpó en las barandillas del embar-
        cadero.

PAISAJE DE LA MULTITUD QUE ORINA

Nocturno de Battery Place

SE quedaron solos.
Aguardaban la velocidad de las últimas bicicletas.
Se quedaron solas.
Esperaban la muerte de un niño en el velero japonés.
Se quedaron solos y solas
soñando con los picos abiertos de los pájaros agonizantes,
con el agudo quitasol que pincha
al sapo recién aplastado,

bajo un silencio con mil orejas
y diminutas bocas de agua
en los desfiladeros que resisten
el ataque violento de la luna.
Lloraba el niño del velero y se quebraban los corazones
angustiados por el testigo y la vigilia de todas las cosas
y porque todavía en el suelo celeste de negras huellas
gritaban nombres oscuros, salivas y radios de níquel.
No importa que el niño calle cuando le claven el último
      alfiler
ni importa la derrota de la brisa en la corola del algodón,
porque hay un mundo de la muerte con marineros defi-
      nitivos
que se asomarán a los arcos y os helarán por detrás de
      los árboles.
Es inútil buscar el recodo
donde la noche olvida su viaje
y acechar un silencio que no tenga
trajes rotos y cáscaras y llanto,
porque tan solo el diminuto banquete de la araña
basta para romper el equilibrio de todo el cielo.
No hay remedio para el gemido del velero japonés
ni para estas gentes ocultas que tropiezan por las es-
      quinas.
El campo se muerde la cola para unir las raíces en un
      punto
y el ovillo busca por la grama su ansia de longitud insa-
      tisfecha.
¡La luna! ¡Los policías! ¡Las sirenas de los trasatlánti-
      cos!
Fachadas de orín, de humo, anémonas, guantes de goma.
Todo está roto por la noche
abierta de piernas sobre las terrazas.

Todo está roto por los tibios caños
de una terrible fuente silenciosa.
¡Oh gentes! ¡Oh mujercillas! ¡Oh soldados!:
será preciso viajar por los ojos de los idiotas,
campos libres donde silban mansas cobras de alam-
bradas,
paisajes llenos de sepulcros que producen fresquísimas
manzanas,
para que venga la luz desmedida
que temen los ricos detrás de sus lupas,
el olor de un solo cuerpo con la doble vertiente de lis y
rata,
y para que se quemen estas gentes que pueden orinar
alrededor de un gemido
o en los cristales donde se comprenden las olas nunca
repetidas.

CIUDAD SIN SUEÑO

Nocturno del Brooklyn Bridge

No duerme nadie por el cielo. Nadie, nadie.
No duerme nadie.
Las criaturas de la luna huelen y rondan las cabañas.
Vendrán las iguanas vivas a morder a los hombres que
no sueñan
y el que huye con el corazón roto encontrará por las
esquinas
al increíble cocodrilo quieto bajo la tierna protesta de los
astros.

No duerme nadie por el mundo. Nadie, nadie.
No duerme nadie.
Hay un muerto en el cementerio más lejano
que se queja tres años
porque tiene un paisaje seco en la rodilla
y el niño que enterraron esta mañana lloraba tanto
que hubo necesidad de llamar a los perros para que callase.

No es sueño la vida. ¡Alerta! ¡Alerta! ¡Alerta!
Nos caemos por las escaleras para comer la tierra
       húmeda
o subimos al filo de la nieve con el coro de las dalias
       muertas.
Pero no hay olvido ni sueño:
carne viva. Los besos atan las bocas
en una maraña de venas recientes
y al que le duele su dolor le dolerá sin descanso
y al que teme la muerte la llevará sobre sus hombros.

Un día
los caballos vivirán en las tabernas
y las hormigas furiosas
atacarán los cielos amarillos que se refugian en los ojos
       de las vacas.
Otro día
veremos la resurrección de las mariposas disecadas
y aun andando por un paisaje de esponjas grises y bar-
       cos mudos
veremos brillar nuestro anillo y manar rosas de nuestra
       lengua.

¡Alerta! ¡Alerta! ¡Alerta
a los que guardan todavía huellas de zarpa y aguacero!

Aquel muchacho que llora porque no sabe la invención
      del puente
o aquel muerto que ya no tiene más que la cabeza y un
      zapato,
hay que llevarlos al muro donde iguanas y sierpes esperan,
donde espera la dentadura del oso,
donde espera la mano momificada del niño
y la piel del camello se eriza con un violento escalofrío
      azul.

    No duerme nadie por el cielo. Nadie, nadie.
No duerme nadie.
Pero si alguien cierra los ojos,
¡azotadlo, hijos míos, azotadlo!
Haya un panorama de ojos abiertos
y amargas llagas encendidas.

No duerme nadie por el mundo. Nadie, nadie.
Ya lo he dicho.
No duerme nadie.
Pero si alguien tiene por la noche exceso de musgo en
      las sienes,
abrid los escotillones para que vea bajo la luna
las copas falsas, el veneno y la calavera de los teatros.

PANORAMA CIEGO DE NUEVA YORK

Si no son los pájaros
cubiertos de ceniza,
si no son los gemidos que golpean las ventanas de la boda,
serán las delicadas criaturas del aire

que manan la sangre nueva por la oscuridad inextinguible.
Pero no, no son los pájaros,
porque los pájaros están a punto de ser bueyes.
Pueden ser rocas blancas con la ayuda de la luna,
y son siempre muchachas heridas
antes de que los jueces levanten la tela.

Todos comprenden el dolor que se relaciona con la
        muerte,
pero el verdadero dolor no está presente en el espíritu.
No está en el aire, ni en nuestra vida
ni en estas terrazas llenas de humo.
El verdadero dolor que mantiene despiertas las cosas
es una pequeña quemadura infinita
en los ojos inocentes de los otros sistemas.

Un traje abandonado pesa tanto en los hombros,
que muchas veces el cielo los agrupa en ásperas ma-
        nadas;
y las que mueren de parto saben en la última hora,
que todo rumor será piedra y toda huella, latido.
Nosotros ignoramos que el pensamiento tiene arrabales
donde el filósofo es devorado por los chinos y las
        orugas
y algunos niños idiotas han encontrado por las cocinas
pequeñas golondrinas con muletas
que sabían pronunciar la palabra amor.

No, no son los pájaros:
No es un pájaro el que expresa la turbia fiebre de laguna,
ni el ansia de asesinato que nos oprime cada momento,
ni el metálico rumor de suicidio que nos anima cada
        madrugada:

es una cápsula de aire donde nos duele todo el mundo,
es un pequeño espacio vivo al loco unísón de la luz,
es una escala indefinible donde las nubes y rosas olvidan
el griterío chino que bulle por el desembarcadero de la
      sangre.
Yo muchas veces me he perdido
para buscar la quemadura que mantiene despiertas las
      cosas
y solo he encontrado marineros echados sobre las
      barandillas
y pequeñas criaturas del ciclo enterradas bajo la nieve.
Pero el verdadero dolor estaba en otras plazas
donde los peces cristalizados agonizaban dentro de los
      troncos,
plazas del cielo extraño para las antiguas estatuas ilesas
y para la tierna intimidad de los volcanes.

    No hay dolor en la voz. Solo existen los dientes,
pero dientes que callarán aislados por el raso negro.
No hay dolor en la voz. Aquí solo existe la Tierra.
La Tierra con sus puertas de siempre
que llevan al rubor de los frutos.

NIÑA AHOGADA EN EL POZO

Granada y Newburg

LAS estatuas sufren los ojos por la oscuridad de los
      ataúdes
pero sufren mucho más por el agua que no desemboca.
... que no desemboca.

El pueblo corría por las almenas rompiendo las cañas
    de los pescadores.
¡Pronto! ¡Los bordes! ¡De prisa! Y croaban las estrellas
    tiernas.
... que no desemboca.

Tranquila en mi recuerdo, astro, círculo, meta,
lloras por las orillas de un ojo de caballo.
... que no desemboca.

Pero nadie en lo oscuro podrá darte distancias,
sino afilado límite: porvenir de diamante.
... que no desemboca.

Mientras la gente busca silencios de almohada
tú lates para siempre definida en tu anillo.
... que no desemboca.

Eterna en los finales de unas ondas que aceptan
combate de raíces y soledad prevista.
... que no desemboca.

¡Ya vienen por las rampas! ¡Levántate del agua!
¡Cada punto de luz te dará una cadena!
... que no desemboca.

Pero el pozo te alarga manecitas de musgo
insospechada ondina de tu propia ignorancia.
... que no desemboca.

No, que no desemboca. Agua fija en un punto,
respirando con todos sus violines sin cuerdas
en la escala de las heridas y los edificios deshabitados.
¡Agua que no desemboca!

MUERTE

A ISIDORO DE BLAS

¡QUÉ esfuerzo,
qué esfuerzo del caballo
por ser perro,
¡qué esfuerzo del perro por ser golondrina!,
¡qué esfuerzo de la golondrina por ser abeja!,
¡qué esfuerzo de la abeja por ser caballo!
Y el caballo,
¡qué flecha aguda exprime de la rosa!,
¡qué rosa gris levanta de su belfo!;
y la rosa,
¡qué rebaño de luces y alaridos
ata en el vivo azúcar de su tronco!;
y el azúcar,
¡que puñalitos sueña en su vigilia!;
y los puñales diminutos,
¡qué luna sin establos, qué desnudos,
piel eterna y rubor, andan buscando!
Y yo por los aleros,
¡qué serafín de llamas busco y soy!;
pero el arco de yeso,
¡qué grande, qué invisible, qué diminuto!
sin esfuerzo.

NOCTURNO DEL HUECO

Para ver que todo se ha ido,
para ver los huecos y los vestidos,
¡dame tu guante de luna!,
tu otro guante de hierba,
¡amor mío!

Puede el aire arrancar los caracoles
muertos sobre el pulmón del elefante
y soplar los gusanos ateridos
de las yemas de luz o de las manzanas.

Los rostros bogan impasibles
bajo el diminuto griterío de las yerbas
y en el rincón está el pechito de la rana
turbio de corazón y mandolina.

En la gran plaza desierta
mugía la bovina cabeza recién cortada
y eran duro cristal definitivo
las formas que buscaban el giro de la sierpe.

Para ver que todo se ha ido
dame tu mudo hueco ¡amor mío!
Nostalgia de academia y cielo triste.
¡Para ver que todo se ha ido!

Dentro de ti, amor mío, por tu carne,
¡qué silencio de trenes boca arriba!
¡cuánto brazo de momia florecido!
¡qué cielo sin salida, amor, qué cielo!

Es la piedra en el agua y es la voz en la brisa,
bordes de amor que escapan de su tronco sangrante.
Basta tocar el pulso de nuestro amor presente
para que broten flores sobre los otros niños.

Para ver que todo se ha ido
para ver los huecos de nubes y ríos.
Dame tus ramos de laurel, amor.
¡Para ver que todo se ha ido!

Ruedan los huecos puros, por mí, por ti, en el alba,
conservando las huellas de las ramas de sangre
y algún perfil de yeso tranquilo que dibuja
instantáneo dolor de luna apuntillada.

Mira formas concretas que buscan un vacío.
Perros equivocados y manzanas mordidas.
Mira el ansia, la angustia de un triste mundo fósil
que no encuentra el acento de su primer sollozo.

Cuando busco en la cama los rumores del hilo
has venido, amor mío, a cubrir mi tejado.
El hueco de una hormiga puede llenar el aire
pero tú vas gimiendo sin norte por mis ojos.

No, por mis ojos no, que ahora me enseñas
cuatro ríos ceñidos en tu brazo,
en la dura barraca donde la luna prisionera
devora a un marinero delante de los niños.

Para ver que todo se ha ido
¡amor inexpugnable, amor huido!

No, no me des tu hueco
¡que ya va por el aire el mío!
¡Ay de ti, ay de mí, de la brisa!
Para ver que todo se ha ido.

II

Yo.
Con el hueco blanquísimo de un caballo,
crines de ceniza, plaza pura y doblada.

Yo.
Mi hueco traspasado con las axilas rotas.
Piel seca de uva neutra y amianto de madrugada.

Toda la luz del mundo cabe dentro de un ojo.
Canta el gallo y su canto dura más que sus alas.

Yo.
Con el hueco blanquísimo de un caballo.
Rodeado de espectadores que tienen hormigas en las
        palabras.

En el circo del frío sin perfil mutilado.
Por los capiteles rotos de las mejillas desangradas.

Yo.
Mi hueco sin ti, ciudad, sin tus muertos que comen.
Ecuestre por mi vida definitivamente anclada.

Yo.

No hay siglo nuevo ni luz reciente.
Solo un caballo azul y una madrugada.

F. GARCÍA LORCA

LUNA Y PANORAMA DE LOS INSECTOS

Poema de amor

> La luna en el mar riela,
> en la lona gime el viento,
> y alza en blando movimiento
> olas de plata y azul.

ESPRONCEDA

MI corazón tendría la forma de un zapato
si cada aldea tuviera una sirena.
Pero la noche es interminable cuando se apoya en los
      enfermos
y hay barcos que buscan ser mirados para poder hundir-
      se tranquilos.

    Si el aire sopla blandamente
mi corazón tiene la forma de una niña.
Si el aire se niega a salir de los cañaverales
mi corazón tiene la forma de una milenaria boñiga de
      toro.

    ¡Bogar! bogar, bogar, bogar
hacia el batallón de puntas desiguales,
hacia un paisaje de acechos pulverizados.
Noche igual de la nieve, de los sistemas suspendidos.
Y la luna.
¡La luna!
Pero no la luna.
La raposa de las tabernas.

El gallo japonés que se comió los ojos
Las hierbas masticadas.

No nos salvan las solitarias en los vidrios
ni los herbolarios donde el metafísico
encuentra las otras vertientes del cielo.
Son mentira las formas. Solo existe
el círculo de bocas del oxígeno.
Y la luna.
Pero no la luna.
Los insectos,
los muertos diminutos por las riberas.
Dolor en longitud.
Yodo en un punto.
Las muchedumbres en el alfiler.
El desnudo que amasa la sangre de todos
y mi amor que no es un caballo ni una quemadura.
Criatura de pecho devorado.
¡Mi amor!

Ya cantan, gritan, gimen: Rostro. ¡Tu rostro! Rostro.
Las manzanas son unas,
las dalias son idénticas,
la luz tiene un sabor de metal acabado
y el campo de todo un lustro cabrá en la mejilla de la
    moneda.
Pero tu rostro cubre los cielos del banquete.
¡Ya cantan! ¡gritan! ¡gimen!
¡cubren! ¡trepan! ¡espantan!

Es necesario caminar, ¡de prisa!, por las ondas, por
    las ramas,

por las calles deshabitadas de la Edad Media que bajan
    al río,
por las tiendas de las pieles donde suena un cuerno de
    vaca herida,
por las escalas, ¡sin miedo!, por las escalas.
Hay un hombre descolorido que se está bañando en el
    mar;
es tan tierno que los reflectores le comieron jugando el
    corazón
y en el Perú viven mil mujeres, ¡oh insectos!, que noche
    y día
hacen nocturnos desfiles entrecruzando sus propias
    venas.

    Un diminuto guante corrosivo me detiene. ¡Basta!
En mi pañuelo he sentido el tris
de la primera vena que se rompe.
Cuida tus pies, amor mío, ¡tus manos!,
ya que yo tengo que entregar mi rostro.
¡Mi rostro! ¡Mi rostro! ¡Ay, mi comido rostro!

    Este fuego casto por mi deseo,
esta confusión por anhelo de equilibrio,
Este inocente dolor de pólvora en mis ojos
aliviará la angustia de otro corazón
devorado por las nebulosas.

    No nos salva la gente de las zapaterías
ni los paisajes que se hacen música al encontrar las lla-
    ves oxidadas.
Son mentira los aires. Solo existe
una cunita en el desván
que recuerda todas las cosas.

Y la luna.
Pero no la luna.
Los insectos.
Los insectos solos,
crepitantes, mordientes, estremecidos, agrupados,
y la luna
con un guante de humo sentada en la puerta de sus de-
      rribos.
¡¡La luna!!

NUEVA YORK

Oficina y denuncia

A FERNANDO VELA

DEBAJO de las multiplicaciones
hay una gota de sangre de pato;
debajo de las divisiones
hay una gota de sangre de marinero;
debajo de las sumas, un río de sangre tierna.
Un río que viene cantando
por los dormitorios de los arrabales,
y es plata, cemento o brisa
en el alba mentida de New York.
Existen las montañas. Lo sé.
Y los anteojos para la sabiduría.
Lo sé. Pero yo no he venido a ver el cielo.
He venido para ver la turbia sangre,
la sangre que lleva las máquinas a las cataratas
y el espíritu a la lengua de la cobra.

Todos los días se matan en New York
cuatro millones de patos,
cinco millones de cerdos,
dos mil palomas para el gusto de los agonizantes,
un millón de vacas,
un millón de corderos
y dos millones de gallos
que dejan los cielos hechos añicos.

Más vale sollozar afilando la navaja
o asesinar a los perros en las alucinantes cacerías,
que resistir en la madrugada
los interminables trenes de leche,
los interminables trenes de sangre
y los trenes de rosas maniatadas
por los comerciantes de perfumes.
Los patos y las palomas
y los cerdos y los corderos
ponen sus gotas de sangre
debajo de las multiplicaciones,
y los terribles alaridos de las vacas estrujadas
llenan de dolor el valle
donde el Hudson se emborracha con aceite.

Yo denuncio a toda la gente
que ignora la otra mitad,
la mitad irredimible
que levanta sus montes de cemento
donde laten los corazones
de los animalitos que se olvidan
y donde caeremos todos
en la última fiesta de los taladros.
Os escupo en la cara.

La otra mitad me escucha
devorando, orinando, volando en su pureza
como los niños de las porterías
que llevan frágiles palitos
a los huecos donde se oxidan
las antenas de los insectos.
No es el infierno, es la calle.
No es la muerte. Es la tienda de frutas.
Hay un mundo de ríos quebrados y distancias inasi-
            bles
en la patita de ese gato quebrada por el automóvil,
y yo oigo el canto de la lombriz
en el corazón de muchas niñas.
Óxido, fermento, tierra estremecida.
Tierra tú mismo que nadas por los números de la ofi-
            cina.
¿Qué voy a hacer? ¿Ordenar los paisajes?
¿Ordenar los amores que luego son fotografías,
que luego son pedazos de madera y bocanadas de
            sangre?
No, no; yo denuncio.
Yo denuncio la conjura
de estas desiertas oficinas
que no radian las agonías,
que borran los programas de la selva,
y me ofrezco a ser comido por las vacas estrujadas
cuando sus gritos llenan el valle
donde el Hudson se emborracha con aceite.

GRITO HACIA ROMA

Desde la torre de Chrysler Building

MANZANAS levemente heridas
por finos espadines de plata,
nubes rasgadas por una mano de coral
que lleva en el dorso una almendra de fuego,
peces de arsénico como tiburones,
tiburones como gotas de llanto para cegar una mul-
       titud,
rosas que hieren
y agujas instaladas en los caños de la sangre,
mundos enemigos y amores cubiertos de gusanos,
caerán sobre ti. Caerán sobre la gran cúpula
que untan de aceite las lenguas militares,
donde un hombre se orina en una deslumbrante pa-
       loma
y escupe carbón machacado
rodeado de miles de campanillas.

Porque ya no hay quien reparta el pan ni el vino,
ni quien cultive hierbas en la boca del muerto,
ni quien abra los linos del reposo,
ni quien llore por las heridas de los elefantes.
No hay más que un millón de herreros
forjando cadenas para los niños que han de venir.
No hay más que un millón de carpinteros
que hacen ataúdes sin cruz.
No hay más que un gentío de lamentos
que se abren las ropas en espera de la bala.

El hombre que desprecia la paloma debía hablar,
debía gritar desnudo entre las columnas,
y ponerse una inyección para adquirir la lepra
y llorar un llanto tan terrible
que disolviera sus anillos y sus teléfonos de diamante.
Pero el hombre vestido de blanco
ignora el misterio de la espiga,
ignora el gemido de la parturienta,
ignora que Cristo puede dar agua todavía,
ignora que la moneda quema el beso de prodigio
y da la sangre del cordero al pico idiota del faisán.

Los maestros enseñan a los niños
una luz maravillosa que viene del monte;
pero lo que llega es una reunión de cloacas
donde gritan las oscuras ninfas del cólera.
Los maestros señalan con devoción las enormes cúpulas
          sahumadas,
pero debajo de las estatuas no hay amor,
no hay amor bajo los ojos de cristal definitivo.
El amor está en las carnes desgarradas por la sed,
en la choza diminuta que lucha con la inundación;
el amor está en los fosos donde luchan las sierpes del
          hambre,
en el triste mar que mece los cadáveres de las gaviotas
y en el oscurísimo beso punzante debajo de las almohadas.
Pero el viejo de las manos traslúcidas
dirá: amor, amor, amor,
aclamado por millones de moribundos.
Dirá: amor, amor, amor,
entre el tisú estremecido de ternura;
dirá: paz, paz, paz.
entre el tirite de cuchillos y melenas de dinamita.

Dirá: amor, amor, amor,
hasta que se le pongan de plata los labios.

Mientras tanto, mientras tanto, ¡ay!, mientras tanto,
los negros que sacan las escupideras,
los muchachos que tiemblan bajo el terror pálido de los
      directores,
las mujeres ahogadas en aceites minerales,
la muchedumbre de martillo, de violín o de nube,
ha de gritar aunque le estrellen los sesos en el muro,
ha de gritar frente a las cúpulas,
ha de gritar loca de fuego,
ha de gritar loca de nieve,
ha de gritar con la cabeza llena de excremento,
ha de gritar como todas las noches juntas,
ha de gritar con voz tan desgarrada
hasta que las ciudades tiemblen como niñas
y rompan las prisiones del aceite y la música.
Porque queremos el pan nuestro de cada día,
flor de aliso y perenne ternura desgranada,
porque queremos que se cumpla la voluntad de la Tierra
que da sus frutos para todos.

ODA A WALT WHITMAN

POR el East River y el Bronx
los muchachos cantaban enseñando sus cinturas.
Con la rueda, el aceite, el cuero y el martillo
noventa mil mineros sacaban la plata de las rocas
y los niños dibujaban escaleras y perspectivas.

Pero ninguno se dormía,
ninguno quería ser río,
ninguno amaba las hojas grandes,
ninguno la lengua azul de la playa.

Por el East River y el Queensborough
los muchachos luchaban con la industria,
y los judíos vendían al fauno del río
la rosa de la circuncisión,
y el cielo desembocaba por los puentes y los tejados
manadas de bisontes empujadas por el viento.

Pero ninguno se detenía,
ninguno quería ser nube,
ninguno buscaba los helechos
ni la rueda amarilla del tamboril.

Cuando la luna salga
las poleas rodarán para turbar al cielo;
un límite de agujas cercará la memoria
y los ataúdes se llevarán a los que no trabajan.

Nueva York de cieno,
Nueva York de alambres y de muerte:
¿Qué ángel llevas oculto en la mejilla?
¿Qué voz perfecta dirá las verdades del trigo?
¿Quién el sueño terrible de tus anémonas manchadas?

Ni un solo momento, viejo hermoso Walt Whitman,
he dejado de ver tu barba llena de mariposas,
ni tus hombros de pana gastados por la luna,
ni tus muslos de Apolo virginal,
ni tu voz como una columna de ceniza;

185

anciano hermoso como la niebla
que gemías igual que un pájaro
con el sexo atravesado por una aguja,
enemigo del sátiro,
enemigo de la vid,
y amante de los cuerpos bajo la burda tela.

Ni un solo momento, hermosura viril
que en montes de carbón, anuncios y ferrocarriles,
soñabas ser un río y dormir como un río
con aquel camarada que pondría en tu pecho
un pequeño dolor de ignorante leopardo.

Ni un solo momento, Adán de sangre, Macho,
hombre solo en el mar, viejo hermoso Walt Whitman,
porque por las azoteas,
agrupados en los bares,
saliendo en racimos de las alcantarillas,
temblando entre las piernas de los *chauffeurs*
o girando en las plataformas del ajenjo,
los maricas, Walt Whitman, te señalan.

¡También ese! ¡También! Y se despeñan
sobre tu barba luminosa y casta
rubios del norte, negros de la arena,
muchedumbre de gritos y ademanes,
como gatos y como las serpientes,
los maricas, Walt Whitman, los maricas,
turbios de lágrimas, carne para fusta,
bota o mordisco de los domadores.

¡También ese! ¡También! Dedos teñidos
apuntan a la orilla de tu sueño

cuando el amigo come tu manzana
con un leve sabor de gasolina
y el sol canta por los ombligos
de los muchachos que juegan bajo los puentes.

Pero tú no buscabas los ojos arañados,
ni el pantano oscurísimo donde sumergen a los niños,
ni la saliva helada,
ni las curvas heridas como panza de sapo
que llevan los maricas en coches y en terrazas
mientras la luna los azota por las esquinas del terror.

Tú buscabas un desnudo que fuera como un río,
toro y sueño que junte la rueda con el alga,
padre de tu agonía, camelia de tu muerte
y gimiera en las llamas de tu ecuador oculto.

Porque es justo que el hombre no busque su deleite
en la selva de sangre de la mañana próxima.
El cielo tiene playas donde evitar la vida
y hay cuerpos que no deben repetirse en la aurora.

Agonía, agonía, sueño, fermento y sueño.
Este es el mundo, amigo, agonía, agonía.
Los muertos se descomponen bajo el reloj de las ciudades.
La guerra pasa llorando con un millón de ratas grises,
los ricos dan a sus queridas
pequeños moribundos iluminados
y la vida no es noble, ni buena, ni sagrada.

Puede el hombre, si quiere, conducir su deseo
por vena de coral o celeste desnudo;
mañana los amores serán rocas y el Tiempo
una brisa que viene dormida por las ramas.

Por eso no levanto mi voz, viejo Walt Whitman,
contra el niño que escribe
nombre de niña en su almohada:
ni contra el muchacho que se viste de novia
en la oscuridad del ropero,
ni contra los solitarios de los casinos
que beben con asco el agua de la prostitución,
ni contra los hombres de mirada verde
que aman al hombre y queman sus labios en silencio.
Pero sí contra vosotros, maricas de las ciudades
de carne tumefacta y pensamiento inmundo.
Madres de lodo. Arpías. Enemigos sin sueño
del amor que reparte corona de alegría.

Contra vosotros siempre, que dais a los muchachos
gotas de sucia muerte con amargo veneno.
Contra vosotros siempre,
«Fairies» de Norteamérica,
«Pájaros» de La Habana,
«Jotos» de Méjico,
«Sarasas» de Cádiz,
«Apios» de Sevilla,
«Cancos» de Madrid,
«Floras» de Alicante,
«Adelaidas» de Portugal.

¡Maricas de todo el mundo, asesinos de palomas!
Esclavos de la mujer. Perras de sus tocadores.
Abiertos en las plazas con fiebre de abanico
o emboscados en yertos paisajes de cicuta.

   ¡No haya cuartel! La muerte
mana de vuestros ojos
y agrupa flores grises en la orilla del cieno.
¡No haya cuartel! ¡¡Alerta!!
Que los confundidos, los puros,
los clásicos, los señalados, los suplicantes,
os cierren las puertas de la bacanal.

   Y tú, bello Walt Whitman, duerme orillas del Hudson
con la barba hacia el polo y las manos abiertas.
Arcilla blanda o nieve, tu lengua está llamando
camaradas que velen tu gacela sin cuerpo.

   Duerme: no queda nada.
Una danza de muros agita las praderas
y América se anega de máquinas y llanto.
Quiero que el aire fuerte de la noche más honda
quite flores y letras del arco donde duermes,
y un niño negro anuncie a los blancos del oro
la llegada del reino de la espiga.

TIERRA Y LUNA

TIERRA Y LUNA

ME quedo con el transparente hombrecillo
que come los huevos de la golondrina.
Me quedo con el niño desnudo
que pisotean los borrachos de Brooklyn.
Con las criaturas mudas que pasan bajo los arcos.
Con el arroyo de venas ansioso de abrir sus mane-
    citas.

Tierra tan solo. Tierra.
Tierra para los manteles estremecidos,
para la pupila viciosa de nube,
para las heridas recientes y el húmedo pensamiento.
Tierra para todo lo que huye de la Tierra.

No es la ceniza en vilo de las cosas quemadas,
ni los muertos que mueven sus lenguas bajo los ár-
    boles.
Es la Tierra desnuda que bala por el cielo
y deja atrás los grupos ligeros de ballenas.

Es la tierra alegrísima, imperturbable nadadora,
la que yo encuentro en el niño y en las criaturas que
    pasan los arcos.
Viva tierra de mi pulso y del baile de los helechos
que deja a veces por el aire un duro perfil de Faraón.

Me quedo con la mujer fría
donde se queman los musgos inocentes.
Me quedo con los borrachos de Brooklyn
que pisan al niño desnudo.
Me quedo con los signos desgarrados
de la lenta comida de los osos.

Pero entonces bajó la Luna despeñada por las esca-
        leras
poniendo las ciudades de hule celeste y talco sensitivo,
llenando de pies de mármol la llanura sin recodos
y olvidando, bajo las sillas, diminutas carcajadas de
        algodón.

¡Oh Diana, Diana! Diana vacía.
Convexa resonancia donde la abeja se vuelve loca.
Mi amor es paso, tránsito, larga muerte gustada,
nunca la piel ilesa de tu desnudo huido.

Es Tierra ¡Dios mío! Tierra lo que vengo buscando.
Embozo de horizonte, latido y sepultura.
Es dolor que se acaba y amor que se consume.
Torre de sangre abierta con las manos quemadas.

Pero la Luna subía y bajaba las escaleras,
repartiendo lentejas desangradas en los ojos,
dando escobazos de plata a los niños de los muelles
y borrando mi apariencia por el término del aire.

PEQUEÑO POEMA INFINITO

PARA LUIS CARDOZA Y ARAGÓN

EQUIVOCAR el camino
es llegar a la nieve
y llegar a la nieve
es pacer durante varios siglos las hierbas de los cemen-
    terios.
Equivocar el camino
es llegar a la mujer,
la mujer que no teme a la luz,
la mujer que mata dos gallos en un segundo,
la luz que no teme a los gallos
y los gallos que no saben cantar sobre la nieve.
Pero si la nieve se equivoca de corazón
puede llegar el viento Austro
y como el aire no hace caso de los gemidos
tendremos que pacer otra vez las hierbas de los cemen-
    terios.
Yo vi dos dolorosas espigas de cera
que enterraban un paisaje de volcanes
y vi dos niños locos
que empujaban llorando las pupilas de un asesino.
Pero el dos no ha sido nunca un número
porque es una angustia y su sombra,
porque es la guitarra donde el amor se desespera,
porque es la demostración de otro infinito que no es
    suyo
y es las murallas del muerto
y el castigo de la nueva resurrección sin finales.

Los muertos odian el número dos
pero el número dos adormece a las mujeres,
y como la mujer teme la luz,
la luz tiembla delante de los gallos
y los gallos solo saben volar sobre la nieve,
tendremos que pacer sin descanso las hierbas de los
      cementerios.

CANCIÓN DE LA MUERTE PEQUEÑA

PRADO mortal de lunas
y sangre bajo tierra.
Prado de sangre vieja.

Luz de ayer y mañana.
Cielo mortal de hierba.
Luz y noche de arena.

Me encontré con la Muerte.
Prado mortal de tierra.
Una muerte pequeña.

El perro en el tejado.
Sola mi mano izquierda
atravesaba montes sin fin
de flores secas.

Catedral de ceniza.
Luz y noche de arena.
Una muerte pequeña.

Una muerte y yo un hombre.
Un hombre solo, y ella
una muerte pequeña.

Prado mortal de lunas.
La nieve gime y tiembla
por detrás de la puerta.

Un hombre, ¿y qué? Lo dicho.
Un hombre solo y ella.
Prado, amor, luz y arena.

OMEGA

Poema para muertos

LAS hierbas.

Yo me cortaré la mano derecha.
Espera.

Las hierbas.

Tengo un guante de mercurio y otro de seda.
Espera.

¡Las hierbas!

No solloces. Silencio. Que no nos sientan.
Espera.

¡Las hierbas!

Se cayeron las estatuas
al abrirse la gran puerta.

¡¡Las hierbaaas!!

DIVÁN DEL TAMARIT

GACELA DEL AMOR IMPREVISTO

NADIE comprendía el perfume
de la oscura magnolia de tu vientre.
Nadie sabía que martirizabas
un colibrí de amor entre los dientes.

Mil caballitos persas se dormían
en la plaza con luna de tu frente,
mientras que yo enlazaba cuatro noches
tu cintura, enemiga de la nieve.

Entre yeso y jazmines, tu mirada
era un pálido ramo de simientes.
Yo busqué, para darte, por mi pecho
las letras de marfil que dicen *siempre*.

Siempre, siempre: jardín de mi agonía,
tu cuerpo fugitivo para siempre,
la sangre de tus venas en mi boca,
tu boca ya sin luz para mi muerte.

GACELA DE LA TERRIBLE PRESENCIA

Yo quiero que el agua se quede sin cauce.
Yo quiero que el viento se quede sin valles.

Quiero que la noche se quede sin ojos
y mi corazón sin la flor del oro;

que los bueyes hablen con las grandes hojas
y que la lombriz se muera de sombra;

que brillen los dientes de la calavera
y los amarillos inunden la seda.

Puedo ver el duelo de la noche herida
luchando enroscada con el mediodía.

Resisto un ocaso de verde veneno
y los arcos rotos donde sufre el tiempo.

Pero no ilumines tu limpio desnudo
como un negro cactus abierto en los juncos.

Déjame en un ansia de oscuros planetas,
pero no me enseñes tu cintura fresca.

GACELA DEL AMOR DESESPERADO

La noche no quiere venir
para que tú no vengas,
ni yo pueda ir.

Pero yo iré,
aunque un sol de alacranes me coma la sien.
Pero tú vendrás
con la lengua quemada por la lluvia de sal.

El día no quiere venir
para que tú no vengas,
ni yo pueda ir.

Pero yo iré
entregando a los sapos mi mordido clavel.

Pero tú vendrás
por las turbias cloacas de la oscuridad.

Ni la noche ni el día quieren venir
para que por ti muera
y tú mueras por mí.

GACELA DEL NIÑO MUERTO

TODAS las tardes en Granada,
todas las tardes se muere un niño.
Todas las tardes el agua se sienta
a conversar con sus amigos.

Los muertos llevan alas de musgo.
El viento nublado y el viento limpio
son dos faisanes que vuelan por las torres
y el día es un muchacho herido.

No quedaba en el aire ni una brizna de alondra
cuando yo te encontré por las grutas del vino.
No quedaba en la tierra ni una miga de nube
cuando te ahogabas por el río.

Un gigante de agua cayó sobre los montes
y el valle fue rodando con perros y con lirios.
Tu cuerpo, con la sombra violeta de mis manos,
era, muerto en la orilla, un arcángel de frío.

GACELA DE LA RAÍZ AMARGA

HAY una raíz amarga
y un mundo de mil terrazas.

Ni la mano más pequeña
quiebra la puerta del agua.

¿Dónde vas, adónde, dónde?
Hay un ciclo de mil ventanas
—batalla de abejas lívidas—
y hay una raíz amarga.

Amarga.

Duele en la planta del pie
el interior de la cara,
y duele en el tronco fresco
de noche recién cortada.

¡Amor, enemigo mío,
muerde tu raíz amarga!

GACELA DEL RECUERDO DE AMOR

No te lleves tu recuerdo.
Déjalo solo en mi pecho,

temblor de blanco cerezo
en el martirio de Enero.

Me separa de los muertos
un muro de malos sueños.

Doy pena de lirio fresco
para un corazón de yeso.

Toda la noche, en el huerto
mis ojos, como dos perros.

Toda la noche, corriendo
los membrillos de veneno.

Algunas veces el viento
es un tulipán de miedo,

es un tulipán enfermo,
la madrugada de invierno.

Un muro de malos sueños
me separa de los muertos.

La hierba cubre en silencio
el valle gris de tu cuerpo.

Por el arco del encuentro
la cicuta está creciendo.

Pero deja tu recuerdo,
déjalo solo en mi pecho.

GACELA DE LA MUERTE OSCURA

QUIERO dormir el sueño de las manzanas,
alejarme del tumulto de los cementerios.
Quiero dormir el sueño de aquel niño
que quería cortarse el corazón en alta mar.

No quiero que me repitan que los muertos no pierden
la sangre;
que la boca podrida sigue pidiendo agua.
No quiero enterarme de los martirios que da la hierba,
ni de la tina con boca de serpiente
que trabaja antes del amanecer.

Quiero dormir un rato,
un rato, un minuto, un siglo;
pero que todos sepan que no he muerto;
que hay un establo de oro en mis labios;
que soy el pequeño amigo del viento Oeste;
que soy la sombra inmensa de mis lágrimas.

Cúbreme por la aurora con un velo,
porque me arrojará puñados de hormigas,
y moja con agua dura mis zapatos
para que resbale la pinza de su alacrán.

Porque quiero dormir el sueño de las manzanas
para aprender un llanto que me limpie de tierra;
porque quiero vivir con aquel niño oscuro
que quería cortarse el corazón en alta mar.

GACELA DE LA HUIDA

ME he perdido muchas veces por el mar
con el oído lleno de flores recién cortadas,
con la lengua llena de amor y de agonía.
Muchas veces me he perdido por el mar,
como me pierdo en el corazón de algunos niños.

No hay nadie que, al dar un beso,
no sienta la sonrisa de la gente sin rostro,
ni hay nadie que, al tocar un recién nacido,
olvide las inmóviles calaveras de caballo.

Porque las rosas buscan en la frente
un duro paisaje de hueso
y las manos del hombre no tienen más sentido
que imitar a las raíces bajo tierra.

Como me pierdo en el corazón de algunos niños,
me he perdido muchas veces por el mar.
Ignorante del agua, voy buscando
una muerte de luz que me consuma.

CASIDA DEL LLANTO

HE cerrado mi balcón
porque no quiero oír el llanto,
pero por detrás de los grises muros
no se oye otra cosa que el llanto.

Hay muy pocos ángeles que canten,
hay muy pocos perros que ladren,
mil violines caben en la palma de mi mano.

Pero el llanto es un perro inmenso,
el llanto es un ángel inmenso,
el llanto es un violín inmenso,
las lágrimas amordazan al viento,
y no se oye otra cosa que el llanto.

CASIDA DE LOS RAMOS

POR las arboledas del Tamarit
han venido los perros de plomo
a esperar que se caigan los ramos,
a esperar que se quiebren ellos solos.

El Tamarit tiene un manzano
con una manzana de sollozos.
Un ruiseñor apaga los suspiros.
y un faisán los ahuyenta por el polvo.

Pero los ramos son alegres,
los ramos son como nosotros.
No piensan en la lluvia y se han dormido
corno si fueran árboles, de pronto.

Sentados con el agua en las rodillas
dos valles aguardaban al Otoño.
La penumbra con paso de elefante
empujaba las ramas y los troncos.

Por las arboledas del Tamarit
hay muchos niños de velado rostro
a esperar que se caigan mis ramos
a esperar que se quiebren ellos solos.

CASIDA DE LA MUJER TENDIDA

VERTE desnuda es recordar la Tierra,
la Tierra lisa, limpia de caballos.
La Tierra sin un junco, forma pura
cerrada al porvenir: confín de plata.

Verte desnuda es comprender el ansia
de la lluvia que busca débil talle,
o la fiebre del mar de inmenso rostro
sin encontrar la luz de su mejilla.

La sangre sonará por las alcobas
y vendrá con espadas fulgurantes,
pero tú no sabrás dónde se ocultan
el corazón de sapo o la violeta.

Tu vientre es una lucha de raíces,
tus labios son un alba sin contorno.
Bajo las rosas tibias de la cama
los muertos gimen esperando turno.

SEIS POEMAS GALEGOS

CANZÓN DE CUNA
PRA ROSALÍA CASTRO, MORTA

¡ÉRGUETE, *miña amiga,*
que xa cantan os galos do día!
¡Érguete, miña amada,
porque o vento muxe coma unha vaca!

    Os arados van e vên
dende Santiago a Belén.
Dende Belén a Santiago
un anxo ven en un barco.
Un barco de prata fina
que trai a door de Galicia.
Galicia deitada e queda
transida de tristes herbas.
Herbas que cobren teu leito,
e a negra fonte dos teus cabelos.
Cabelos que van ô mar
onde as nubens teñen seu nidio pombal.

    ¡Érguete, miña amiga,
que xa cantan os galos do día!
¡Érguete, miña amada,
porque o vento muxe coma unha vaca!

DANZA DA LÚA EN SANTIAGO

¡FITA aquel branco galán,
fita seu transido corpo!

É a lúa que baila
na Quintana dos mortos.

Fita seu corpo transido,
negro de somas e lobos.

Nai: A lúa está bailando
na Quintana dos mortos.

¿Quén fire poltro de pedra
na mesma porta do sono?

¡É a lúa! ¡É a lúa
na Quintana dos mortos!

¿Quén fita meus grises vidros
cheos de nubens seus ollos?

¡É a lúa, é a lúa
na Quintana dos mortos!

Déixame morrer no leito
soñando na frol d'ouro.

Nai: A lúa está bailando
na Quintana dos mortos.

¡Ai filla, c'o ar do ceo
vólvome branca de pronto!

Non é o ar, é a triste lúa
na Quintana dos mortos.

¿Quén xime co-este xemido
d'inmenso boi malencónico?

Nai: É lúa, é a lúa
na Quintana dos mortos.

¡Sí, a lúa, a lúa
coroada de toxo,
que baila, e baila, e baila
na Quintana dos mortos!

LLANTO POR
IGNACIO SÁNCHEZ MEJÍAS

A MI QUERIDA AMIGA
ENCARNACIÓN LÓPEZ JÚLVEZ

1

LA COGIDA Y LA MUERTE

A las cinco de la tarde.
Eran las cinco en punto de la tarde.
Un niño trajo la blanca sábana
a las cinco de la tarde.
Una espuerta de cal ya prevenida
a las cinco de la tarde.
Lo demás era muerte y solo muerte
a las cinco de la tarde.

El viento se llevó los algodones
a las cinco de la tarde.
Y el óxido sembró cristal y níquel
a las cinco de la tarde.
Ya luchan la paloma y el leopardo
a las cinco de la tarde.
Y un muslo con un asta desolada
a las cinco de la tarde.

Comenzaron los sones de bordón
a las cinco de la tarde.
Las campanas de arsénico y el humo
a las cinco de la tarde.

En las esquinas grupos de silencio
a las cinco de la tarde.
¡Y el toro solo corazón arriba!
a las cinco de la tarde.
Cuando el sudor de nieve fue llegando
a las cinco de la tarde,
cuando la plaza se cubrió de yodo
a las cinco de la tarde,
la muerte puso huevos en la herida
a las cinco de la tarde.
A las cinco de la tarde.
A las cinco en punto de la tarde.

Un ataúd con ruedas es la cama
a las cinco de la tarde.
Huesos y flautas suenan en su oído
a las cinco de la tarde.
El toro ya mugía por su frente
a las cinco de la tarde.
El cuarto se irisaba de agonía
a las cinco de la tarde.
A lo lejos ya viene la gangrena
a las cinco de la tarde.
Trompa de lirio por las verdes ingles
a las cinco de la tarde.
Las heridas quemaban como soles
a las cinco de la tarde,
y el gentío rompía las ventanas
a las cinco de la tarde.
A las cinco de la tarde.
¡Ay qué terribles cinco de la tarde!
¡Eran las cinco en todos los relojes!
¡Eran las cinco en sombra de la tarde!

2

LA SANGRE DERRAMADA

¡QUE no quiero verla!

Dile a la luna que venga,
que no quiero ver la sangre
de Ignacio sobre la arena.

¡Que no quiero verla!

La luna de par en par,
caballo de nubes quietas,
y la plaza gris del sueño
con sauces en las barreras.

¡Que no quiero verla!
Que mi recuerdo se quema.
¡Avisad a los jazmines
con su blancura pequeña!

¡Que no quiero verla!

La vaca del viejo mundo
pasaba su triste lengua
sobre un hocico de sangres
derramadas en la arena,
y los toros de Guisando,
casi muerte y casi piedra,
mugieron como dos siglos
hartos de pisar la tierra.

No.
¡Que no quiero verla!

Por las gradas sube Ignacio
con toda su muerte a cuestas.
Buscaba el amanecer,
y el amanecer no era.
Busca su perfil seguro,
y el sueño lo desorienta.
Buscaba su hermoso cuerpo
y encontró su sangre abierta.
¡No me digáis que la vea!
No quiero sentir el chorro
cada vez con menos fuerza;
ese chorro que ilumina
los tendidos y se vuelca
sobre la pana y el cuero
de muchedumbre sedienta.
¡Quién me grita que me asome!
¡No me digáis que la vea!

No se cerraron sus ojos
cuando vio los cuernos cerca,
pero las madres terribles
levantaron la cabeza.
Y a través de las ganaderías
hubo un aire de voces secretas,
que gritaban a toros celestes,
mayorales de pálida niebla.

No hubo príncipe en Sevilla
que comparársele pueda,

ni espada como su espada
ni corazón tan de veras.
Como un río de leones
su maravillosa fuerza,
y como un torso de mármol
su dibujada prudencia.
Aire de Roma andaluza
le doraba la cabeza
donde su risa era un nardo
de sal y de inteligencia.
¡Qué gran torero en la plaza!
¡Qué gran serrano en la sierra!
¡Qué blando con las espigas!
¡Qué duro con las espuelas!
¡Qué tierno con el rocío!
¡Qué deslumbrante en la feria!
¡Qué tremendo con las últimas
banderillas de tiniebla!

Pero ya duerme sin fin.
Ya los musgos y la hierba
abren con dedos seguros
la flor de su calavera.

Y su sangre ya viene cantando:
cantando por marismas y praderas,
resbalando por cuernos ateridos,
vacilando sin alma por la niebla,
tropezando con miles de pezuñas
como una larga, oscura, triste lengua,
para formar un charco de agonía
junto al Guadalquivir de las estrellas.

¡Oh blanco muro de España!
¡Oh negro toro de pena!
¡Oh sangre dura de Ignacio!
¡Oh ruiseñor de sus venas!

    No.
¡Que no quiero verla!
Que no hay cáliz que la contenga,
que no hay golondrinas que se la beban,
no hay escarcha de luz que la enfríe,
no hay canto ni diluvio de azucenas,
no hay cristal que la cubra de plata.
No.
¡¡Yo no quiero verla!!

3

CUERPO PRESENTE

LA piedra es una frente donde los sueños gimen
sin tener agua curva ni cipreses helados.
La piedra es una espalda para llevar al tiempo
con árboles de lágrimas y cintas y planetas.

    Yo he visto lluvias grises correr hacia las olas
levantando sus tiernos brazos acribillados,
para no ser cazadas por la piedra tendida
que desata sus miembros sin empapar la sangre.

    Porque la piedra coge simientes y nublados,
esqueletos de alondras y lobos de penumbra;
pero no da sonidos, ni cristales, ni fuego,
sino plazas y plazas y otra plaza sin muros.

Ya está sobre la piedra Ignacio el bien nacido.
Ya se acabó; ¿qué pasa? Contemplad su figura:
la muerte le ha cubierto de pálidos azufres
y le ha puesto cabeza de oscuro minotauro.

Ya se acabó. La lluvia penetra por su boca.
El aire como loco deja su pecho hundido,
y el Amor, empapado con lágrimas de nieve,
se calienta en la cumbre de las ganaderías.

¿Qué dicen? Un silencio con hedores reposa.
Estamos con un cuerpo presente que se esfuma,
con una forma clara que tuvo ruiseñores
y la vemos llenarse de agujeros sin fondo.

¿Quién arruga el sudario? ¡No es verdad lo que dice!
Aquí no canta nadie, ni llora en el rincón,
ni pica las espuelas, ni espanta la serpiente:
aquí no quiero más que los ojos redondos
para ver ese cuerpo sin posible descanso.

Yo quiero ver aquí los hombres de voz dura.
Los que doman caballos y dominan los ríos:
los hombres que les suena el esqueleto y cantan
con una boca llena de sol y pedernales.

Aquí quiero yo verlos. Delante de la piedra.
Delante de este cuerpo con las riendas quebradas.
Yo quiero que me enseñen dónde está la salida
para este capitán atado por la muerte.

Yo quiero que me enseñen un llanto como un río
que tenga dulces nieblas y profundas orillas,
para llevar el cuerpo de Ignacio y que se pierda
sin escuchar el doble resuello de los toros.

Que se pierda en la plaza redonda de la luna
que finge cuando niña doliente res inmóvil;
que se pierda en la noche sin canto de los peces
y en la maleza blanca del humo congelado.

No quiero que le tapen la cara con pañuelos
para que se acostumbre con la muerte que lleva.
Vete, Ignacio: No sientas el caliente bramido.
Duerme, vuela, reposa: ¡También se muere el mar!

4

ALMA AUSENTE

No te conoce el toro ni la higuera,
ni caballos ni hormigas de tu casa.
No te conoce el niño ni la tarde
porque te has muerto para siempre.

No te conoce el lomo de la piedra,
ni el raso negro donde te destrozas.
No te conoce tu recuerdo mudo
porque te has muerto para siempre.

El Otoño vendrá con caracolas,
uva de niebla y montes agrupados,
pero nadie querrá mirar tus ojos
porque te has muerto para siempre.

Porque te has muerto para siempre,
como todos los muertos de la Tierra,
como todos los muertos que se olvidan
en un montón de perros apagados.

No te conoce nadie. No. Pero yo te canto.
Yo canto para luego tu perfil y tu gracia.
La madurez insigne de tu conocimiento.
Tu apetencia de muerte y el gusto de su boca.
La tristeza que tuvo tu valiente alegría.

Tardará mucho tiempo en nacer, si es que nace,
un andaluz tan claro, tan rico de aventura.
Yo canto su elegancia con palabras que gimen
y recuerdo una brisa triste por los olivos.

SONETOS DEL AMOR OSCURO

SONETO DE LA GUIRNALDA DE ROSAS

¡Esa guirnalda! ¡pronto! ¡que me muero!
¡Teje deprisa! ¡canta! ¡gime! ¡canta!
Que la sombra me enturbia la garganta
y otra vez viene y mil la luz de Enero.

Entre lo que me quieres y te quiero,
aire de estrellas y temblor de planta,
espesura de anémonas levanta
con oscuro gemir un año entero.

Goza el fresco paisaje de mi herida,
quiebra juncos y arroyos delicados,
bebe en muslo de miel sangre vertida.

Pero ¡pronto! Que unidos, enlazados,
boca rota de amor y alma mordida,
el tiempo nos encuentre destrozados.

SONETO DE LA DULCE QUEJA

TENGO miedo a perder la maravilla
de tus ojos de estatua y el acento
que me pone de noche en la mejilla
la solitaria rosa de tu aliento.

Tengo pena de ser en esta orilla
tronco sin ramas, y lo que más siento
es no tener la flor, pula o arcilla,
para el gusano de mi sufrimiento.

Si tú eres el tesoro oculto mío,
si eres mi cruz y mi dolor mojado,
si soy el perro de tu señorío,

no me dejes perder lo que he ganado
y decora las aguas de tu río
con hojas de mi Otoño enajenado

EL POETA PIDE A SU AMOR
QUE LE ESCRIBA

AMOR de mis entrañas, viva muerte,
en vano espero tu palabra escrita
y pienso, con la flor que se marchita,
que si vivo sin mí quiero perderte.

El aire es inmortal. La piedra inerte
ni conoce la sombra ni la evita.
Corazón interior no necesita
la miel helada que la luna vierte.

Pero yo te sufrí. Rasgué mis venas,
tigre y paloma, sobre tu cintura
en duelo de mordiscos y azucenas.

Llena, pues, de palabras mi locura
o déjame vivir en mi serena
noche del alma para siempre oscura.

EL POETA DICE LA VERDAD

QUIERO llorar mi pena y te lo digo
para que tú me quieras y me llores
en un anochecer de ruiseñores,
con un puñal, con besos y contigo.

Quiero matar al único testigo
para el asesinato de mis flores
y convertir mi llanto y mis sudores
en eterno montón de duro trigo.

Que no se acabe nunca la madeja
del te quiero me quieres, siempre ardida
con decrépito sol y luna vieja.

Que lo que me des y no te pida
será para la muerte, que no deja
ni sombra por la carne estremecida.

EL POETA HABLA POR TELÉFONO
CON EL AMOR

Tu voz regó la duna de mi pecho
en la dulce cabina de madera.
Por el sur de mis pies fue primavera
y al norte de mi frente flor de helecho.

Pino de luz por el espacio estrecho
cantó sin alborada y sementera
y mi llanto prendió por vez primera
coronas de esperanza por el techo.

Dulce y lejana voz por mí vertida.
Dulce y lejana voz por mí gustada.
Lejana y dulce voz amortecida.

Lejana como oscura corza herida.
Dulce como un sollozo en la nevada.
¡Lejana y dulce en tuétano metida!

EL POETA PREGUNTA A SU AMOR POR LA
«CIUDAD ENCANTADA» DE CUENCA

¿TE gustó la ciudad que gota a gota
labró el agua en el centro de los pinos?
¿Viste sueños y rostros y caminos
y muros de dolor que el aire azota?

¿Viste la grieta azul de luna rota
que el Júcar moja de cristal y trinos?

¿Han besado tus dedos los espinos
que coronan de amor piedra remota?

¿Te acordaste de mí cuando subías
al silencio que sufre la serpiente
prisionera de grillos y de umbrías?

¿No viste por el aire transparente
una dalia de penas y alegrías
que te mandó mi corazón caliente?

SONETO GONGORINO EN QUE EL POETA MANDA A SU AMOR UNA PALOMA

ESTE pichón del Turia que te mando,
de dulces ojos y de blanca pluma,
sobre laurel de Grecia vierte y suma
llama lenta de amor do estoy parando.

Su cándida virtud, su cuello blando,
en lirio doble de caliente espuma,
con un temblor de escarcha, perla y bruma
la ausencia de tu boca está marcando.

Pasa la mano sobre su blancura
y verás qué nevada melodía
esparce en copos sobre tu hermosura.

Así mi corazón de noche y día,
preso en la cárcel del amor oscura,
llora sin verte su melancolía.

¡AY VOZ SECRETA DEL AMOR OSCURO!]

¡Ay voz secreta del amor oscuro!
¡ay balido sin lanas! ¡ay herida!
¡ay aguja de hiel, camelia hundida!
¡ay corriente sin mar, ciudad sin muro!

¡Ay noche inmensa de perfil seguro,
montaña celestial de angustia erguida!
¡ay perro en corazón, voz perseguida!
¡silencio sin confín, lirio maduro!

Huye de mí, caliente voz de hielo,
no me quieras perder en la maleza
donde sin fruto gimen carne y cielo.

Dejo el duro marfil de mi cabeza,
apiádate de mí, ¡rompe mi duelo!
¡que soy amor, que soy naturaleza!

OTROS SONETOS

ADAM

A Pablo Neruda,
RODEADO DE FANTASMAS

ÁRBOL de sangre riega la mañana
por donde gime la recién parida.
Su voz deja cristales en la herida
y un gráfico de hueso en la ventana.

Mientras la luz que viene fija y gana
blancas metas de fábula que olvida
el tumulto de venas en la huida
hacia el turbio frescor de la manzana.

Adam sueña en la fiebre de la arcilla
un niño que se acerca galopando
por el doble latir de su mejilla.

Pero otro Adam oscuro está soñando
neutra luna de piedra sin semilla
donde el niño de luz se irá quemando.

[YO SÉ QUE MI PERFIL SERÁ TRANQUILO]

Yo sé que mi perfil será tranquilo
en el norte de un cielo sin reflejo:
Mercurio de vigilia, casto espejo,
donde se quiebre el pulso de mi estilo.

Que si la hiedra y el frescor del hilo
fue la norma del cuerpo que yo dejo,
mi perfil en la arena será un viejo
silencio sin rubor de cocodrilo.

Y aunque nunca tendrá sabor de llama
mi lengua de palomas ateridas
sino desierto gusto de retama,

libre signo de normas oprimidas
seré, en el cuello de la yerta rama
y en el sinfín de dalias doloridas.

A MERCEDES EN SU VUELO

Una viola de luz yerta y helada
eres ya por las rocas de la altura.
Una voz sin garganta, voz oscura
que suena en todo sin sonar en nada.

Tu pensamiento es nieve resbalada
en la gloria sin fin de la blancura.
Tu perfil es perenne quemadura.
Tu corazón paloma desatada.

Canta ya por el aire sin cadena
la matinal, fragante melodía,
monte de luz y llaga de azucena.

Que nosotros aquí de noche y día
haremos en la esquina de la pena
una guirnalda de melancolía.

POEMAS DE
OBRAS TEATRALES

De
AMOR DE DON PERLIMPLÍN CON BELISA EN SU JARDÍN

BELISA

AMOR, amor.
Entre mis muslos cerrados,
nada como un pez el sol.
Agua tibia entre los juncos,
amor.
¡Gallo, que se va la noche!
¡Que no se vaya, no!

* * *

PERLIMPLÍN

AMOR, amor
que estoy herido.
Herido de amor huido,
herido,
muerto de amor.
Decid a todos que ha sido
el ruiseñor.
Bisturí de cuatro filos,
garganta rota y olvido.
Cógeme la mano, amor,
que vengo muy mal herido,
herido de amor huido,
¡herido!,
¡muerto de amor!

De
BODAS DE SANGRE

SUEGRA

NANA, niño, nana
del caballo grande
que no quiso el agua.
El agua era negra
dentro de las ramas.
Cuando llega al puente
se detiene y canta.
¿Quién dirá, mi niño,
lo que tiene el agua,
con su larga cola
por su verde sala?

MUJER *(Bajo.)*

Duérmete, clavel,
que el caballo no quiere beber.

SUEGRA

Duérmete, rosal,
que el caballo se pone a llorar.
Las patas heridas,
las crines heladas,
dentro de los ojos
un puñal de plata.
Bajaban al río.
¡Ay, cómo bajaban!
La sangre corría
más fuerte que el agua.

MUJER

Duérmete, clavel,
que el caballo no quiere beber.

SUEGRA

Duérmete, rosal,
que el caballo se pone a llorar.

MUJER

No quiso tocar
la orilla mojada,
su belfo caliente
con moscas de plata.
A los montes duros
solo relinchaba
con el río muerto
sobre la garganta.
¡Ay caballo grande
que no quiso el agua!
¡Ay dolor de nieve,
caballo del alba!

SUEGRA

¡No vengas! Detente,
cierra la ventana
con ramas de sueños
y sueño de ramas.

MUJER

Mi niño se duerme.

SUEGRA

Mi niño se calla.

MUJER

Caballo, mi niño
tiene una almohada.

SUEGRA

Su cuna de acero.

MUJER

Su colcha de holanda.

SUEGRA

Nana, niño, nana.

MUJER

¡Ay caballo grande
que no quiso el agua!

SUEGRA

¡No vengas, no entres!
Vete a la montaña.
Por los valles grises
donde está la jaca.

MUJER *(Mirando.)*

Mi niño se duerme.

SUEGRA

Mi niño descansa.

MUJER *(Bajito.)*

Duérmete, clavel,
que el caballo no quiere beber.

SUEGRA

(Levantándose y muy bajito.)

Duérmete, rosal,
que el caballo se pone a llorar.

* * *

MUCHACHA 1.ª *(Entrando.)*

Despierte la novia
la mañana de la boda;
ruede la ronda
y en cada balcón una corona.

VOCES

¡Despierte la novia!

CRIADA *(Moviendo algazara.)*

Que despierte
con el ramo verde
del amor florido.
¡Que despierte
por el tronco y la rama
de los laureles!

MUCHACHA 2.ª *(Entrando.)*

Que despierte
con el largo pelo,
camisa de nieve,
botas de charol y plata
y jazmines en la frente.

CRIADA

¡Ay, pastora,
que la luna asoma!

MUCHACHA 1.ª

¡Ay, galán,
deja tu sombrero por el olivar!

MOZO 1.º

(Entrando con el sombrero en alto.)

Despierte la novia
que por los campos viene
rodando la boda,
con bandejas de dalias
y panes de gloria.

VOCES

¡Despierte la novia!

MUCHACHA 2.ª

La novia
se ha puesto su blanca corona,
y el novio
se la prende con lazos de oro.

CRIADA

Por el toronjil
la novia no puede dormir.

MUCHACHA 3.ª *(Entrando.)*

Por el naranjel
el novio le ofrece cuchara y mantel.

(Entran tres CONVIDADOS*)*

MOZO 1.º

¡Despierta, paloma!
El alba despeja
campanas de sombra.

CONVIDADO

La novia, la blanca novia,
hoy doncella,
mañana señora.

MUCHACHA 1.ª

Baja, morena,
arrastrando tu cola de seda.

CONVIDADO

Baja, morenita,
que llueve rocío la mañana fría.

MOZO 1.º

Despertad, señora, despertad,
porque viene el aire lloviendo azahar.

CRIADA

Un árbol quiero bordarle
lleno de cintas granates
y en cada cinta un amor
con vivas alrededor.

VOCES

Despierte la novia.

MOZO 1.º

¡La mañana de la boda!

CONVIDADO

La mañana de la boda
qué galana vas a estar;
pareces, flor de los montes,
la mujer de un capitán.

PADRE *(Entrando.)*

La mujer de un capitán
se lleva el novio.
¡Ya viene con sus bueyes por el tesoro!

MUCHACHA 3.ª

El novio
parece la flor del oro.
Cuando camina,
a sus plantas se agrupan las clavelinas.

CRIADA

¡Ay mi niña dichosa!

MOZO 2.º

Que despierte la novia.

CRIADA

¡Ay mi galana!

MUCHACHA 1.ª

La boda está llamando
por las ventanas.

MUCHACHA 2.ª

Que salga la novia.

MUCHACHA 1.ª

¡Que salga, que salga!

CRIADA

¡Que toquen y repiquen
la campanas!

MOZO 1.º

¡Que viene aquí! ¡Que sale ya!

CRIADA

¡Como un toro, la boda
levantándose está!

* * *

MUJER

(Entrando y dirigiéndose a la izquierda.)

Era hermoso jinete,
y ahora montón de nieve.
Corrió ferias y montes
y brazos de mujeres.
Ahora, musgo de noche
le corona la frente.

MADRE

Girasol de tu madre,
espejo de la tierra,
que te pongan al pecho
cruz de amargas adelfas;
sábana que te cubra
de reluciente seda,
y el agua forme un llanto
entre sus manos quietas.

MUJER

¡Ay, que cuatro muchachos
llegan con hombros cansados!

NOVIA

¡Ay, que cuatro galanes
traen a la muerte por el aire!

MADRE

Vecinas.

NIÑA *(En la puerta.)*

Ya los traen.

MADRE

Es lo mismo,
la cruz, la cruz.

MUJERES

Dulces clavos,
dulce cruz,
dulce nombre
de Jesús.

NOVIA

Que la cruz ampare a muertos y vivos.

MADRE

Vecinas: con un cuchillo,
con un cuchillito,
en un día señalado, entre las dos y las tres,
se mataron los dos hombres del amor.
Con un cuchillo,
con un cuchillito
que apenas cabe en la mano,
pero que penetra fino
por las carnes asombradas,
y que se para en el sitio
donde tiembla enmarañada
la oscura raíz del grito.

Y esto es un cuchillo,
un cuchillito
que apenas cabe en la mano;
pez sin escamas ni río,
para que un día señalado, entre las dos y las tres,
con este cuchillo
se queden dos hombres duros
con los labios amarillos.

Y apenas cabe en la mano,
pero que penetra frío
por las carnes asombradas
y allí se para, en el sitio
donde tiembla enmarañada
la oscura raíz del grito.

(Las vecinas, arrodilladas en el suelo, lloran.)

De
YERMA

Yerma

¿De dónde vienes, amor, mi niño?
«De la cresta del duro frío.»

(Enhebra la aguja.)

¿Qué necesitas, amor, mi niño?
«La tibia tela de tu vestido».
¡Que se agiten las ramas al sol
y salten las fuentes alrededor!

(Como si hablara con un niño.)

En el patio ladra el perro,
en los árboles canta el viento.
Los bueyes mugen al boyero
y la luna me riza los cabellos.
¿Qué pides, niño, desde tan lejos?

(Pausa.)

«Los blancos montes que hay en tu pecho.»

¡Que se agiten las ramas al sol
y salten las fuentes alrededor!

(Cosiendo.)

Te diré, niño mío, que sí.
Tronchada y rota soy para ti.
¡Cómo me duele esta cintura
donde tendrás primera cuna!
¿Cuándo, mi niño, vas a venir?

(Pausa.)

«Cuando tu carne huela a jazmín.»

¡Que se agiten las ramas al sol
y salten las fuentes alrededor!

* * *

LAVANDERA 4.ª

En el arroyo frío
lavo tu cinta.
Como un jazmín caliente
tienes la risa.

Quiero vivir
en la nevada chica
de ese jazmín.

LAVANDERA 1.ª

¡Ay de la casada seca!
¡Ay de la que tiene los pechos de arena!

LAVANDERA 5.ª

Dime si tu marido
guarda semillas
para que el agua cante
por tu camisa.

LAVANDERA 4.ª

Es tu camisa
nave de plata y viento
por las orillas.

LAVANDERA 3.ª

Las ropas de mi niño
vengo a lavar,
para que tome el agua
lecciones de cristal.

LAVANDERA 2.ª

Por el monte ya llega
mi marido a comer.
Él me trae una rosa
y yo le doy tres.

LAVANDERA 5.ª

Por el llano ya vino
mi marido a cenar.
Las brasas que me entrega
cubro con arrayán.

LAVANDERA 4.ª

Por el aire ya viene
mi marido a dormir.
Yo alhelíes rojos
y él rojo alhelí.

LAVANDERA 3.ª

Hay que juntar flor con flor
cuando el verano seca la sangre al segador.

LAVANDERA 4.ª

Y abrir el vientre a pájaros sin sueño
cuando a la puerta llama temblando el invierno.

LAVANDERA 1.ª

Hay que gemir en la sábana.

LAVANDERA 4.ª

¡Y hay que cantar!

LAVANDERA 5.ª

Cuando el hombre nos trae
la corona y el pan.

LAVANDERA 4.ª

Porque los brazos se enlazan.

LAVANDERA 5.ª

Porque la luz se nos quiebra en la garganta.

LAVANDERA 4.ª

Porque se endulza el tallo de las ramas.

LAVANDERA 5.ª

Y las tiendas del viento cubren a las montañas.

LAVANDERA 6.ª
(Apareciendo en lo alto del torrente.)

Para que un niño funda
yertos vidrios del alba.

LAVANDERA 4.ª

Y nuestro cuerpo tiene
ramas furiosas de coral.

LAVANDERA 5.ª

Para que haya remeros
en las aguas del mar.

LAVANDERA 1.ª

Un niño pequeño, un niño.

LAVANDERA 2.ª

Y las palomas abren las alas y el pico.

LAVANDERA 3.ª

Un niño que gime, un hijo.

LAVANDERA 4.ª

Y los hombres avanzan
como ciervos heridos.

LAVANDERA 5.ª

Alegría, alegría, alegría,
del vientre redondo bajo la camisa!

LAVANDERA 2.ª

Alegría, alegría, alegría,
ombligo, cáliz tierno de maravilla!

LAVANDERA 1.ª

¡Pero ay de la casada seca!
¡Ay de la que tiene los pechos de arena!

LAVANDERA 4.ª

¡Que relumbre!

LAVANDERA 5.ª

¡Que corra!

LAVANDERA 4.ª

¡Que vuelva a relumbrar!

LAVANDERA 3.ª

¡Que cante!

LAVANDERA 2.ª

¡Que se esconda!

LAVANDERA 3.ª

Y que vuelva a cantar.

LAVANDERA 6.ª

La aurora que mi niño
lleva en el delantal.

LAVANDERA 4.ª
(Cantan todas a coro.)

En el arroyo frío
lavo tu cinta.
Como un jazmín caliente
tienes la risa.
¡ja, ja, ja!

(Mueven los paños con ritmo y los golpean.)

ÚLTIMOS TÍTULOS PUBLICADOS

247 A. GÓMEZ GIL
Nanas para dormirlos... y despertarlos

248 L. ALAS, «CLARÍN»
La Regenta

249 F. NIETZSCHE
Sobre la utilidad y los perjuicios de la historia para la vida

250 A. SCHOPENHAUER
El arte de insultar

251 F. NIETZSCHE
La genealogía de la moral

252 J. C. GONZÁLEZ GARCÍA
Diccionario de filosofía

253 S. LINCE
13 poetas testimoniales

254 A. GÓMEZ GIL
Los sonetos de Shakespeare

255 B. PÉREZ GALDÓS
Trece cuentos

256 L. PIRANDELLO
Seis personajes en busca de autor

257 VARIOS AUTORES
Cuentos policíacos

258 Edición de PEDRO PROVENCIO
Antología de la poesía erótica

259 Edición de BERNHARD Y ANTONIO RUIZ
Antología de la poesía norteamericana

260 B. PÉREZ GALDÓS
Marianela

261 B. PÉREZ GALDÓS
Trafalgar

262 N. GÓGOL
Almas muertas

264 J. LEZAMA LIMA
Paradiso

265 W. FAULKNER
Los invictos

266 R. ALBERTI
Con la luz primera

267 C. J. CELA
La colmena

268 F. NIETZSCHE
El crepúsculo de los ídolos

270 W. SHAKESPEARE
La fierecilla domada. La comedia de las equivocaciones

271 J. CONRAD
Lord Jim

272 F. GARCÍA LORCA
Yerma. Doña Rosita la soltera

273 F. NIETZSCHE
La gaya ciencia

274 J. OLMOS
Tierra del corazón